2024 **中财传媒版**
年度全国会计专业技术资格考试辅导系列丛书 · *注定会赢*®

中级会计实务速刷 360 题

财政部中国财经出版传媒集团　组织编写

中国财经出版传媒集团

经济科学出版社

·北京·

图书在版编目（CIP）数据

中级会计实务速刷 360 题/财政部中国财经出版传媒
集团组织编写．－－北京：经济科学出版社，2024.4
（中财传媒版 2024 年度全国会计专业技术资格考试辅
导系列丛书．注定会赢）
ISBN 978 - 7 - 5218 - 5765 - 8

Ⅰ.①中…　Ⅱ.①财…　Ⅲ.①会计实务 - 资格考试 -
习题集　Ⅳ.①F233 - 44

中国国家版本馆 CIP 数据核字（2024）第 067064 号

责任校对：王肖楠
责任印制：邱　天

中级会计实务速刷 360 题

ZHONGJI KUAIJI SHIWU SUSHUA 360 TI

财政部中国财经出版传媒集团　组织编写

经济科学出版社出版、发行　新华书店经销

社址：北京市海淀区阜成路甲 28 号　邮编：100142

总编部电话：010 - 88191217　发行部电话：010 - 88191522

天猫网店：经济科学出版社旗舰店

网址：http://jjkxcbs. tmall. com

固安华明印业有限公司印装

787×1092　16 开　14 印张　310000 字

2024 年 4 月第 1 版　2024 年 4 月第 1 次印刷

ISBN 978 - 7 - 5218 - 5765 - 8　定价：45.00 元

（图书出现印装问题，本社负责调换。电话：010 - 88191545）

（打击盗版举报热线：010 - 88191661，QQ：2242791300）

前　　言

2024 年度全国会计专业技术中级资格考试大纲已经公布，辅导教材也已正式出版发行。与上年度相比，新考试大纲及辅导教材的内容发生了较大变化。为了帮助考生准确理解和掌握新大纲和新教材的内容、顺利通过考试，中国财经出版传媒集团本着对广大考生负责的态度，严格按照新大纲和新教材内容，组织编写了中财传媒版 2024 年度全国会计专业技术资格考试辅导"注定会赢"系列丛书。

该系列丛书包含"精讲精练""通关题库""全真模拟试题""要点随身记""速刷 360 题"等 5 个子系列，共 15 本图书，具有重点把握精准、难点分析到位、题型题量贴切、模拟演练逼真等特点。本书属于"速刷 360 题"子系列，设计了 360 道极具参考价值的习题，其题型和难易程度均依照考试真题设计，每道试题附有参考答案及解析，全书通过刷基础、刷提高、刷易错、刷通关，帮助考生强化知识点、精准训练、夯实基础，增强考生的应考冲刺能力。

中国财经出版传媒集团为购买本书的读者提供线上增值服务。读者可通过扫描封面下方的"注定会赢"微信公众号二维码下载"中财云知"App，免费享有题库练习、模拟测试、每日一练、学习答疑等增值服务。

全国会计专业技术资格考试是我国评价选拔会计人才、促进会计人员成长的重要渠道，也是落实会计人才强国战略的重要措施。希望广大考生在认真学习教材内容的基础上，结合本丛书准确理解和全面掌握应试知识点内容，顺利通过考试，不断取得更大进步，为我国会计事业的发展作出更大贡献！

书中如有疏漏和不当之处，敬请批评指正。

财政部中国财经出版传媒集团

2024 年 4 月

目　　录

第一部分

速 刷 题

第一章 总 论

刷基础

1. （单选题）从事下列具体工作的人员中，不属于会计人员的是（　　）。
   A. 出纳
   B. 费用核算
   C. 决算报告编制
   D. 外部收入的审计

2. （多选题）下列各项中，属于我国统一的会计核算制度体系的有（　　）。
   A. 企业会计准则制度
   B. 政府及非营利组织会计准则制度
   C. 农村集体经济组织会计制度
   D. 基金（资金）类会计制度

3. （判断题）企业财务报告的目标是向财务报告使用者提供与企业财务状况、经营成果和现金流量等有关的会计信息，反映企业管理层受托责任履行情况。（　　）

刷提高

4. （单选题）下列关于国家统一的会计核算制度体系的说法中，正确的是（　　）。
   A. 企业集团内的小企业乙公司，应当使用小企业会计准则进行会计核算
   B. 政府会计准则制度体系适用于政府会计主体
   C. 非营利组织会计制度不包括《工会会计制度》
   D. 基金类会计制度的核算基础一般采用权责发生制

5. （多选题）下列有关"三坚三守"的说法中，错误的有（　　）。
   A. "坚持诚信，守法奉公"是对会计人员的履职要求
   B. "坚持准则，守责敬业"是对会计人员的自律要求
   C. "三坚三守"是对会计人员职业道德要求的集中表达
   D. "坚持学习，守正创新"是对会计人员的发展要求

刷易错

6. （多选题）下列各项中，体现谨慎性质量要求的有（　　）。
   A. 计提存货跌价准备

B. 对售出商品很可能发生的保修义务确认预计负债

C. 对很可能承担的环保责任确认预计负债

D. 低值易耗品作为周转材料合并列入资产负债表存货项目

7. （判断题）军队、已纳入企业财务管理体系的单位和执行《民间非营利组织会计制度》的社会团体，其会计核算适用于政府会计准则制度体系。（　　）

刷通关

8. （单选题）企业对可能发生的资产减值损失计提资产减值准备，体现的会计信息质量要求是（　　）。

A. 可靠性　　　　　　　　　B. 实质重于形式

C. 重要性　　　　　　　　　D. 谨慎性

9. （多选题）下列各项中，属于会计行政法规的有（　　）。

A. 中华人民共和国注册会计师法　　B. 总会计师条例

C. 内蒙古自治区会计条例　　　　　D. 企业财务会计报告条例

10. （判断题）符合《中小企业划型标准规定》的且具有金融性质的小企业适用《小企业会计准则》。（　　）

第二章 存 货

11. （单选题）商品流通企业应将已售商品的进货费用计入（　　）。
    A. 销售费用　　　　　　　　　　B. 管理费用
    C. 主营业务成本　　　　　　　　D. 库存商品

12. （多选题）甲公司为增值税一般纳税人。2×23年2月1日，甲公司委托乙公司加工一批M产品（属于应税消费品，非黄金饰品），2×23年3月15日，甲公司收回并直接销售。不考虑其他因素，下列各项应计入M产品成本的有（　　）。
    A. 向乙公司支付的不含税加工费6万元
    B. 发出用于委托加工的原材料30万元
    C. 向乙公司支付的代收代缴消费税4万元
    D. 向乙公司支付与加工费相关的增值税0.78万元，取得增值税专用发票

13. （多选题）企业确定存货的可变现净值时，应考虑的因素有（　　）。
    A. 存货可变现净值的确凿证据
    B. 持有存货的目的
    C. 交易市场能够持续获取可靠的市场价值
    D. 资产负债表日后事项等的影响

14. （判断题）存货跌价准备的转回，应当以将现有的存货跌价准备的余额冲减至零为限。（　　）

15. （单选题）甲超市（为增值税小规模纳税人）购入商品一批，取得的增值税专用发票注明的价款为10万元，增值税税额为1.3万元。另以银行存款支付进货费用0.06万元，甲超市选择将其费用化处理。不考虑其他因素，甲超市该批商品的入账价值为（　　）万元。
    A. 10　　　　　　B. 10.06　　　　　　C. 11.3　　　　　　D. 11.36

16. （多选题）某企业外购一批存货，成本3 000万元，计提存货跌价准备500万元。对外出售40%，售价1 100万元。下列关于企业对外出售存货时的处理，表述正确

的有（   ）。

A. 减少存货账面价值 1 000 万元　　B. 增加营业成本 1 200 万元

C. 增加营业收入 1 100 万元　　D. 冲减资产减值损失 200 万元

17.（判断题）从供货单位收回物资时发现的短缺，应计入营业外支出。（   ）

18.（单选题）2×23 年 6 月 30 日，甲公司 A 存货的成本为 10 万元。但是，由于年初以来 A 存货的市场价格持续下跌，甲公司当日确定的 A 存货的可变现净值为 9.5 万元。2×23 年 12 月 31 日，由于 A 存货的产量大幅下降，A 存货的市场价格持续攀升，甲公司当日确定的 A 存货的可变现净值为 11 万元。甲公司"存货跌价准备"的期初余额为 0。不考虑其他因素，甲公司下列会计处理正确的是（   ）。

A. 2×23 年 6 月 30 日，确认资产减值损失 0.5 万元

B. 2×23 年 12 月 31 日，转回资产减值损失 0.5 万元

C. 2×23 年 12 月 31 日，资产负债表中"存货"项目增加 0.5 万元

D. 2×23 年 12 月 31 日，利润表中"营业利润"项目增加 0.5 万元

19.（多选题）下列情形中，应当以存货本身的市场销售价格作为可变现净值计算中存货估计售价的有（   ）。

A. 用于销售的原材料

B. 用于销售的产成品

C. 需要经过加工的在产品

D. 为执行销售合同而持有的商品

20.（判断题）如果本期导致存货可变现净值高于其成本的影响因素不是以前减计该项存货价值的影响因素，则不允许将该存货跌价准备转回。（   ）

21.（单选题）某公司的存货有两种产品，分别是 M 产品和 N 产品。2×22 年末，该公司分别对 M 产品和 N 产品计提减值准备 6 万元和 8 万元。2×23 年末，M 产品的成本为 600 万元，N 产品的成本为 500 万元，可变现净值分别为 598 万元和 608 万元。不考虑其他因素，该公司 2×23 年末应转回资产减值损失的金额为（   ）万元。

A. 12　　　　B. 14　　　　C. 4　　　　D. 8

22.（多选题）下列各项关于企业存货会计处理的表述中，正确的有（   ）。

A. 存货采购过程中发生的合理损耗应从购买价款中予以扣除

B. 收回用于直接销售的委托加工存货时，支付的消费税应计入存货的成本

C. 采购的存货在入库前发生的必要仓储费应计入存货成本

D. 以前计提存货减值的影响因素消失后，存货跌价准备应在原已计提的金额内转回

23. （判断题）企业通常应当按照单个存货项目计提存货跌价准备。（　　）

24. （计算分析题）甲公司系生产销售机床的上市公司，期末存货按成本与可变现净值孰低计量，并按单个存货项目计提存货跌价准备。相关资料如下：

资料一：2×22 年 9 月 10 日，甲公司与乙公司签订了一份不可撤销的 S 型机床销售合同。合同约定，甲公司应于 2×23 年 1 月 10 日向乙公司提供 10 台 S 型机床，单位销售价格为 45 万元/台。

2×22 年 12 月 31 日，甲公司 S 型机床的库存数量为 14 台，单位成本为 44.25 万元/台，该机床的市场销售价格为 42 万元/台。估计甲公司向乙公司销售该机床的销售费用为 0.18 万元/台，向其他客户销售该机床的销售费用为 0.15 万元/台。

2×22 年 12 月 31 日，甲公司对存货进行减值测试前，未曾对 S 型机床计提存货跌价准备。

资料二：2×22 年 12 月 31 日，甲公司库存一批用于生产 W 型机床的 M 材料。该批材料的成本为 80 万元，可用于生产 10 台 W 型机床，甲公司将该批材料加工成 10 台 W 型机床尚需投入 50 万元。该批 M 材料的市场销售价格总额为 68 万元，估计销售费用总额为 0.6 万元。甲公司尚无 W 型机床订单。W 型机床的市场销售价格为 12 万元/台，估计销售费用为 0.1 万元/台。

2×22 年 12 月 31 日，甲公司对存货进行减值测试前，"存货跌价准备——M 材料"账户的贷方余额为 5 万元。

假定不考虑增值税等相关税费及其他因素。

要求：

（1）计算甲公司 2×22 年 12 月 31 日 S 型机床的可变现净值。

（2）判断甲公司 2×22 年 12 月 31 日 S 型机床是否发生减值，并简要说明理由。如果发生减值，计算应计提存货跌价准备的金额，并编制相关会计分录。

（3）判断甲公司 2×22 年 12 月 31 日是否应对 M 材料计提或转回存货跌价准备，并简要说明理由。如果应计提或转回存货跌价准备，计算应计提或转回存货跌价准备的金额，并编制相关会计分录。

第三章　固定资产

刷基础

25. （单选题）甲公司为增值税一般纳税人，2×23年4月9日，甲公司购入需安装的生产设备一台，取得的增值税专用发票注明的价款50万元，增值税税额6.5万元；安装领用本公司外购原材料一批，价值6万元，该批原材料购进时支付的增值税进项税额0.78万元；另以银行存款支付安装费4万元，取得增值税普通发票上注明的增值税税额为0.36万元；相关款项均以银行存款支付。2×23年5月29日，该设备经调试达到预定可使用状态，则该设备的初始入账价值为（　　）万元。

    A. 60　　　　　　B. 60.36　　　　　　C. 60.78　　　　D. 61.14

26. （多选题）甲公司系增值税一般纳税人，2×23年9月进口一台需安装的生产设备。在该设备达到预定可使用状态前，下列各项甲公司为该设备发生的支出中，应计入该设备初始入账成本的有（　　）。

    A. 设备调试人员工资费用5万元

    B. 安装过程中领用外购原材料的增值税13万元

    C. 不含增值税的安装费35万元

    D. 支付的进口关税20万元

27. （多选题）下列各项中，应当计入固定资产初始入账价值的有（　　）。

    A. 增值税普通发票注明的增值税税额　　　B. 试运行销售相关的收入和成本

    C. 专业人员服务费　　　　　　　　　　D. 外币借款折算差额

28. （判断题）对于核发电设备处置时产生的预计负债，应按照未来支付的金额减去处置利得之后的现值进行核算。（　　）

刷提高

29. （单选题）2×23年4月21日，甲公司一次性购入3套生产设备A、B、C，取得的增值税专用发票上注明的设备总价款为500万元，增值税税额为65元；支付生产设备B、C的装卸费4万元；支付设备A的安装费4万元全部以银行转账支付。已知，设备A、B、C分别满足固定资产确认条件，其公允价值分别为150万元、240万元、210万元。不考虑其他因素，甲公司设备A的入账价值为（　　）万元。

A. 125　　　　　　B. 126　　　　　　C. 127　　　　　　D. 129

30. （判断题）一般工商企业的固定资产发生的报废清理费用属于弃置费用，并将该弃置费用的现值计入固定资产的成本。（　　）

刷易错

31. （单选题）甲公司一台用于生产 M 产品的设备预计使用年限为 5 年，预计净残值为 0。假定 M 产品各年产量基本均衡。下列折旧方法中，能够使该设备第一年计提折旧金额最多的是（　　）。
    A. 年限平均法　　　　　　　　B. 工作量法
    C. 双倍余额递减法　　　　　　D. 年数总和法

32. （多选题）企业在进行固定资产减值测试时，预计未来现金流量现值需要考虑的因素有（　　）。
    A. 剩余使用年限　　　　　　　B. 现金流量
    C. 账面原值　　　　　　　　　D. 折现率

33. （多选题）关于固定资产日常修理费用的下列会计处理中，正确的有（　　）。
    A. 行政管理部门发生的固定资产日常修理费用，应当计入管理费用
    B. 生产车间的生产设备发生的日常修理费用，应当计入管理费用
    C. 专设销售机构发生的固定资产日常修理费用，应当计入销售费用
    D. 经营租赁方式租出的固定资产发生的日常修理费用，应当计入管理费用

34. （判断题）甲公司持有的一台生产设备预期通过处置不能产生经济利益的，应终止确认为固定资产。（　　）

刷通关

35. （单选题）甲公司系增值税一般纳税人，适用的增值税税率为 13%。2×21 年 4 月 1 日，甲公司对 M 机器设备进行更新改造。当日，M 机器设备的账面价值为 700 万元，更新改造过程中领用自产的产品一批，该批产品的成本为 80 万元，公允价值为 90 万元，发生安装人员工资 200 万元。2×21 年 6 月 20 日，M 机器设备更新改造完成并达到预定可使用状态。不考虑其他因素。更新改造后的 M 机器设备的入账金额为（　　）万元。
    A. 1 001.7　　　　B. 980　　　　　　C. 990　　　　　　D. 991.7

36. （多选题）下列各项关于甲公司处置固定资产的会计处理表述中，正确的有（　　）。
    A. 因台风毁损的厂房的净损失 60 万元计入营业外支出

B. 报废生产用设备的净收益 10 万元计入营业外收入

C. 出售办公楼的净收益 700 万元计入资产处置损益

D. 正常报废行政管理用汽车的净损失 5 万元计入管理费用

37. （判断题）在建的固定资产试运行中产生的产品进行销售，其产品的销售收入和成本应计入当期损益。（　　）

38. （计算分析题）甲公司为增值税一般纳税人，2×18~2×22 年发生的与 A 设备相关的交易如下：

资料一：2×18 年 12 月 15 日，甲公司以银行存款购入需要安装的 A 设备，增值税专用发票上注明的金额为 290 万元，增值税税额为 37.7 万元，当日交付并移送安装。

资料二：2×18 年 12 月 31 日，甲公司以银行存款支付安装费用，增值税专用发票上注明的金额为 20 万元，增值税税额为 1.8 万元，安装完毕并立即投入使用，预计使用年限为 5 年，预计净残值为 10 万元，采用年数总和法计提折旧。

资料三：2×20 年 12 月 31 日，A 设备出现减值迹象，经过减值测试后，公允价值减去处置费用后的净额为 95 万元，预计未来现金流量现值为 90 万元，当日预计 A 设备尚可使用 3 年，预计净残值为 5 万元，折旧方法不变。

资料四：2×22 年 12 月 20 日，A 设备因事故报废取得报废价款 2.26 万元，其中包含 0.26 万元的增值税。

要求：

（1）编制甲公司 2×18 年 12 月 15 日购入 A 设备的会计分录。

（2）编制甲公司支付设备安装费并达到预定可使用状态投入使用的会计分录。

（3）计算甲公司 2×19 年和 2×20 年应计提的折旧金额。

（4）计算甲公司 2×20 年 A 设备计提减值的金额，并编制会计分录。

（5）编制甲公司 2×22 年 A 设备报废的会计分录。

第四章　无形资产

39. （单选题）甲公司2×22年自行研发一项专利技术，共发生支出500万元，其中研究阶段支出180万元，开发阶段支出300万元（符合资本化条件的支出为280万元），无法区分研究阶段与开发阶段的支出为20万元。不考虑其他因素，下列表述中正确的是（　　）。
    A. 该专利技术的初始入账价值为300万元
    B. 该业务影响甲公司2×22年利润表中"营业利润"的金额为220万元
    C. 利润表中"研发费用"项目的金额为500万元
    D. 资产负债表中"开发支出"项目的金额为300万元

40. （单选题）2×22年12月31日，某工业制造企业转让一项专利权，开具的增值税专用发票注明的价款100万元，增值税税额6万元，相关款项已存入银行。该专利权账面原值300万元，已摊销210万元。不考虑其他因素，该企业转让专利权对营业利润的影响金额为（　　）万元。
    A. 16　　　　　　　B. 10　　　　　　　C. 4　　　　　　　D. 0

41. （多选题）估计无形资产使用寿命应考虑的主要因素包括（　　）。
    A. 运用该无形资产生产的产品通常的寿命周期、可获得的类似资产使用寿命的信息
    B. 以该无形资产生产的产品或提供的服务的市场需求情况
    C. 现在或潜在的竞争者预期将采取的行动
    D. 技术、工艺等方面的现阶段情况及对未来发展趋势的估计

42. （判断题）企业改变土地使用权的用途，将其用于赚取租金时，应将其转为投资性房地产。（　　）

43. （单选题）2×23年1月1日，甲公司以分期付款方式购入一项专利权。合同约定，甲公司自2×23年起，每年年末支付500万元，支付4年。另以银行存款支付注册费10万元。已知，银行同期贷款年利率为5%，（P/A，5%，4）=3.5460。不考虑其他因素，甲公司该专利权的入账价值为（　　）万元。

12 中级会计实务速刷 **360** 题

A. 1 773   B. 1 783   C. 2 000   D. 2 010

44.（多选题）关于使用寿命有限的无形资产的说法中，正确的有（   ）。

A. 无形资产的残值一般为账面原值的5%

B. 无法可靠确定无形资产的预期消耗方式的，应当采用直线法进行摊销

C. 变更无形资产的摊销方法，应按照会计变更进行会计处理

D. 无形资产的残值重新估计后高于其账面价值的，应按照重新评估后的残值计提摊销

45.（判断题）出租车的运营许可权应视为使用寿命不确定的无形资产。（   ）

刷易错

46.（单选题）房地产企业取得的下列没有实物形态的非货币性资产中，应确认为无形资产的是（   ）。

A. 非同一控制下企业合并中形成的商誉

B. 购入用于建造自用办公楼的土地使用权

C. 通过转让方式取得的用于出租的土地使用权

D. 通过出让方式取得的用于开发商品房的土地使用权

47.（多选题）关于确定无形资产使用寿命的表述中，正确的有（   ）。

A. 外购专利权的合同规定期限为6年，税法规定期限为10年，则该专利权的预计使用寿命为10年

B. 某非专利技术的预计使用年限为5年，合同规定的期限为8年，则该非专利技术的预计使用寿命为5年

C. 企业持有的某商标在期限届满时可以较低的手续费续约10年，则续约期应作为使用寿命的组成部分

D. 预计使用寿命为10年的专利权，应于每个年度终了时对其使用寿命进行复核

48.（判断题）企业采用车流量法对高速公路经营权进行摊销的，属于以包括使用无形资产在内的经济活动产生的收入为基础的摊销方法。（   ）

49.（判断题）无法可靠确定预期消耗方式的无形资产，应当采用产量法进行摊销。（   ）

刷通关

50.（单选题）2×23年3月10日，甲公司以银行存款860万元购入一项生产用专利权，另支付4万元的注册登记费。该专利权的法律保护期限为20年，甲公司预计运用该专利权能够带来经济利益的期间为8年。甲公司该专利权预计净残值为0，

采用直线法进行摊销。不考虑其他因素，甲公司该专利权 2×23 年度的摊销金额为（ ）万元。

  A. 32.25   B. 90   C. 81   D. 80.63

51.（单选题）2×22 年 1 月 5 日，甲公司以 2 070 万元的价格购入一项法律保护期限为 20 年的专利技术，在检测该专利技术能否正常发挥作用的过程中支付测试费 30 万元。2×22 年 1 月 10 日，该专利技术达到预定用途，甲公司预计专利技术经济利益的期限为 10 年，预计净残值为 0，采用直线法摊销。不考虑其他因素，甲公司 2×22 年度该专利技术的摊销金额为（ ）万元。

  A. 105   B. 103.5   C. 207   D. 210

52.（多选题）甲公司一项内部研发的无形资产系 2×23 年 10 月 1 日达到预定用途，为了研发该项无形资产，共发生支出 110 万元，其中符合资本化条件的支出为 48 万元。该项无形资产的法律保护期为 10 年，甲公司预计的经济收益期为 8 年，预计净残值为 0。不考虑其他因素，下列关于甲公司会计处理的说法中正确的有（ ）。

  A. 自 2×23 年 10 月 1 日开始摊销

  B. 费用化研发支出金额为 62 万元

  C. 无形资产摊销年限为 10 年

  D. 2×23 年 12 月 31 日无形资产的账面价值为 46.5 万元

53.（多选题）下列各项关于企业无形资产减值会计处理的表述中，正确的有（ ）。

  A. 计提的无形资产减值准备在以后期间不得转回

  B. 使用寿命有限的无形资产只有存在减值迹象时才需要进行减值测试

  C. 使用寿命不确定的无形资产每年都应进行减值测试

  D. 处置无形资产时应将转销的减值准备冲减资产减值损失

54.（判断题）企业报废无形资产时，应将其账面价值转入资产处置损益。（ ）

55.（计算分析题）甲公司开始研发一项 A 专利技术，相关信息如下：

资料一：2×20 年 9 月 1 日，进入研发阶段，至 2×20 年 12 月 31 日，发生相关支出如下：领用原材料 20 万元，支付职工薪酬 30 万元，专用于研发该专利技术的设备折旧费 50 万元。

资料二：2×21 年 1 月 1 日，进入开发阶段，共发生如下支出：领用原材料 30 万元，支付职工薪酬 40 万元，专用于研发该专利技术的设备折旧费 100 万元，支付其他相关费用 70 万元，假设以上支出均符合资本化条件。2×21 年 7 月 1 日，A 专利技术达到预定可使用状态，预计可使用年限为 4 年，净残值为 0，采用直线法计提摊销。

资料三：2×21 年 12 月 31 日，对 A 专利技术进行减值测试发现，其可收回金额为 200 万元。经复核，尚可使用年限为 2 年，其他条件不变。

资料四：2×23 年 1 月 1 日，甲公司以 70 万元出售 A 专利技术，相关款项已收到。

要求：（"研发支出"科目要求写出明细科目）

（1）编制 2×20 年研发支出的确认和结转分录。

（2）编制 2×21 年研发支出的确认和结转分录。

（3）判断 2×21 年 12 月 31 日 A 专利技术是否发生减值，如果发生减值，编制相关分录。

（4）计算 A 专利技术 2×22 年应确认的摊销金额，并编制相关分录。

（5）计算 2×23 年 1 月 1 日甲公司出售 A 专利技术确认的损益金额，并编制相关分录。

56.（综合题）2×19～2×22 年，甲公司发生的与 A 专有技术相关的交易或事项如下：

资料一：2×19 年 4 月 1 日，甲公司开始自主研发 A 专有技术用于生产产品，2×19 年 4 月 1 日至 2×19 年 12 月为研究阶段，耗用原材料 300 万元，应付研发人员薪酬 400 万元，计提研发专用设备折旧 250 万元。

资料二：2×20 年 1 月 1 日，A 专有技术研发活动进入开发阶段，至 2×20 年 6 月 30 日，耗用原材料 420 万元，应付研发人员薪酬 300 万元，计提研发专用设备折旧 180 万元。上述研发支出均满足资本化条件。2×20 年 7 月 1 日，A 专有技术研发完成并达到预定用途。该专有技术预计使用年限为 5 年，预计残值为 0，采用直线法摊销。

资料三：2×21 年 12 月 31 日，A 专有技术出现减值迹象，经减值测试，A 专有技术的可收回金额为 510 万元。该专有技术预计剩余使用年限为 3 年，预计残值为 0，摊销方法不变。

资料四：2×22 年 7 月 1 日，甲公司将 A 专有技术与乙公司生产的产品进行交换，该交换具有商业实质。在交换日，A 专有技术的公允价值为 420 万元，乙公司产品的公允价值为 500 万元。甲公司以银行存款 80 万元向乙公司支付补价。甲公司将换入的该产品作为原材料核算。

本题不考虑增值税等相关税费及其他因素。

要求（"研发支出"科目应写出必要的明细科目）：

（1）编制甲公司 2×19 年发生研发支出的会计分录。

（2）编制甲公司 2×19 年 12 月 31 日结转研发支出的会计分录。

（3）编制甲公司 2×20 年发生研发支出、研发完成并达到预定用途的相关会计分录。

（4）判断甲公司 2×21 年 12 月 31 日 A 专有技术是否发生减值，如发生减值，编制相关会计分录。

（5）编制甲公司 2×22 年 7 月 1 日以 A 专有技术交换乙公司产品的会计分录。

第五章　投资性房地产

刷基础

57. （单选题）下列关于土地使用权会计处理的表述中，不正确的是（　　）。
   A. 为建造固定资产购入的土地使用权确认为无形资产
   B. 房地产开发企业为开发商品房购入的土地使用权确认为存货
   C. 用于出租的土地使用权及其地上建筑物一并确认为投资性房地产
   D. 土地使用权在地上建筑物达到预定可使用状态时与地上建筑物一并确认为固定资产

58. （单选题）2×23年9月1日，甲公司将一栋写字楼出租给乙公司，并采用公允价值模式进行后续计量。该办公楼为甲公司于2×22年12月31日购入，初始入账价值为7 200万元，预计使用年限为20年，预计净残值为0，采用年限平均法计提折旧。甲公司每月月末收取租金40万元。2×23年12月31日，该写字楼的公允价值为7 000万元。不考虑其他因素，甲公司2×23年利润表中"营业利润"项目的影响金额为（　　）万元。
   A. −240　　　　　B. −40　　　　　C. 160　　　　　D. 200

59. （多选题）下列事项中，应计入制造型企业投资性房地产的有（　　）。
   A. 准备增值后转让的企业自有土地使用权
   B. 建设完成并以经营租赁方式出租的自有办公楼
   C. 租入后转租的仓库
   D. 以经营租赁方式出租的自有土地使用权

60. （判断题）已计提减值准备的投资性房地产，其减值损失在减值迹象消失后，可以转回。（　　）

61. （判断题）企业对某项投资性房地产进行改扩建等再开发且将来仍作为投资性房地产的，再开发期间应继续将其作为投资性房地产，不计提折旧或摊销。（　　）

刷提高

62. （单选题）2×23年9月1日，甲公司董事会决定将投资性房地产由成本模式计量转为以公允价值模式计量。该投资性房地产于2×20年12月购入，账面原值7 500

万元，预计使用年限 50 年，预计净残值为 0，采用年限平均法计提折旧。9 月 1 日，该写字楼市场价值 7 000 万元；12 月 31 日，该写字楼市场价值 7 350 万元。2×23 年，甲公司收取租金 600 万元。甲公司按净利润的 10% 计提盈余公积。不考虑其他因素，甲公司与该写字楼相关的下列会计处理中正确的是（   ）。

A. 2×23 年 9 月 1 日，投资性房地产的账面价值为 7 000 万元

B. 2×23 年 9 月 1 日，确认留存收益 100 万元

C. 2×23 年确认投资性房地产累计折旧 112.5 万元

D. 甲公司与投资性房地产相关的交易或事项对 2×23 年度营业利润的影响金额为 750 万元

63. （多选题）下列关于投资性房地产后续计量的会计处理中，正确的有（   ）。

A. 企业通常应当对投资性房地产采用成本模式进行后续计量

B. 同一企业只能采用一种模式对所有投资性房地产进行后续计量

C. 采用公允价值模式计量的投资性房地产，应至少每年进行一次减值测试

D. 资产负债表日以公允价值模式计量的投资性房地产，其公允价值与原账面价值的差额，应计入所有者权益

64. （判断题）采用投资性房地产由成本模式计量转为以公允价值模式计量，属于会计政策变更，应当追溯调整，调整期初留存收益。（   ）

刷易错

65. （单选题）2×23 年 1 月，甲公司以银行存款 1 200 万元购入一项土地使用权，预计使用年限为 50 年，预计净残值为 0，采用直线法摊销。当月，甲公司在该土地使用权上自行建造两栋厂房。至 2×23 年 12 月 31 日，两栋厂房达到预定可使用状态，期间共发生成本 2 400 万元（不含土地使用权摊销，两栋厂房造价相同）；当月，甲公司与乙公司签订一份经营租赁合同，合同约定，将其中一栋厂房出租给乙公司使用，并于完工时开始起租。假定两栋厂房占地面积相同，上述款项全部以银行存款支付。不考虑其他因素，甲公司下列会计处理中正确的是（   ）。

A. 购入的土地使用权，部分记入"无形资产"科目，部分记入"投资性房地产"科目

B. 建造期间，"在建工程"科目借方累计的金额为 2 400 万元

C. 2×23 年 12 月 31 日，固定资产的入账价值为 1 200 万元

D. 2×23 年 12 月 31 日，投资性房地产的入账价值为 1 800 万元

66. （单选题）房地产开发企业将作为存货的房屋转为采用公允价值模式计量的投资性房地产时，应将转换日该房屋的公允价值大于账面价值的差额计入（   ）。

A. 公允价值变动损益   B. 其他业务收入

C. 投资收益   D. 其他综合收益

67. （判断题）企业对采用公允价值模式计量的投资性房地产初始计量时，应当按照公允价值进行计量。（　　）

刷通关

68. （单选题）2×23 年 3 月 20 日，甲公司将原自用的土地使用权转换为采用公允价值模式计量的投资性房地产。转换日，该土地使用权的初始入账金额为 650 万元，累计摊销为 200 万元，该土地使用权的公允价值为 500 万元。不考虑其他因素，下列关于甲公司该土地使用权转换会计处理的表述中，正确的是（　　）。
   A. 确认投资性房地产累计摊销 200 万元
   B. 确认公允价值变动损失 250 万元
   C. 确认投资性房地产 450 万元
   D. 确认其他综合收益 50 万元

69. （多选题）2×23 年 6 月 30 日，甲公司经营租赁给乙公司的一栋写字楼到期，甲公司决定将其进行改扩建，并与丙公司签订新的经营租赁合同；合同约定，自改扩建完工时将该写字楼出租给丙公司。当日，该写字楼账面原值 5 000 万元，已计提折旧 1 000 万元；2×23 年 7 月 1 日，甲公司进入改扩建工程并于 2×23 年 12 月 31 日完工，其间共发生支出 1 000 万元（符合资本化条件的支出为 800 万元），相关款项均以银行存款支付。假定甲公司对投资性房地产采用成本模式计量。不考虑其他因素，甲公司下列会计处理中，正确的有（　　）。
   A. 与乙公司的经营租赁到期后，甲公司应将该写字楼转入"固定资产"科目
   B. 改扩建期间，甲公司对该写字楼不计提折旧
   C. 改扩建期间，甲公司应将该写字楼由"固定资产"科目转入"在建工程"科目
   D. 2×23 年 12 月 31 日，该投资性房地产的入账价值为 4 800 万元

70. （判断题）企业对投资性房地产进行日常维护所发生的支出，应当在发生时计入投资性房地产成本。（　　）

71. （计算分析题）2×19 年 12 月 21 日，甲公司与乙公司签了一项租赁协议，将一栋经营管理用写字楼出租给乙公司，租赁期为 3 年，租赁期开始日为 2×20 年 1 月 1 日，年租金为 240 万元，于每年年初收取。相关资料如下：
   资料一：2×19 年 12 月 31 日，甲公司将该写字楼停止自用，准备出租给乙公司，拟采用成本模式进行后续计量，预计尚可使用 46 年，预计净残值为 20 万元，采用年限平均法计提折旧，不存在减值迹象。该写字楼于 2×15 年 12 月 31 日达到预定可使用状态时的账面原价为 1 970 万元，预计使用年限为 50 年，预计净残值为 20 万元，采用年限平均法计提折旧。
   资料二：2×20 年 1 月 1 日，预收当年租金 240 万元，款项已收存银行。甲公司按月将租金收入确认为其他业务收入，并结转相关成本。

资料三：2×21 年 12 月 31 日，甲公司考虑到所在城市存在活跃的房地产市场，并且能够合理估计该写字楼的公允价值，为提供更相关的会计信息，将投资性房地产的后续计量从成本模式转换为公允价值模式，该写字楼的公允价值为 2 000 万元。

资料四：2×22 年 12 月 31 日，该写字楼的公允价值为 2 150 万元。

资料五：2×23 年 1 月 1 日，租赁合同到期，甲公司为解决资金周转困难，将该写字楼出售给丙企业，价款为 2 100 万元，款项已收存银行。

甲公司按净利润的 10% 提取法定盈余公积，不考虑其他因素。

要求（采用公允价值模式进行后续计量的投资性房地产应写出必要的明细科目）：

（1）编制甲公司 2×19 年 12 月 31 日将该写字楼转换为投资性房地产的会计分录。

（2）编制甲公司 2×20 年 1 月 1 日收取租金、1 月 31 日确认租金收入和结转相关成本的会计分录。

（3）编制甲公司 2×21 年 12 月 31 日将该投资性房地产的后续计量由成本模式转换为公允价值模式的相关会计分录。

（4）编制甲公司 2×22 年 12 月 31 日确认公允价值变动损益的相关会计分录。

（5）编制甲公司 2×23 年 1 月 1 日处置该投资性房地产时的相关会计分录。

第六章　长期股权投资和合营安排

刷基础

72.（单选题）投资方直接或通过子公司间接持有被投资单位20%以上但低于50%的表决权的股权时，一般认为（　　）。

A. 能够对被投资单位实施控制

B. 与其他合营方一同对被投资单位实施共同控制

C. 与其他合营方共同经营被投资单位

D. 对被投资单位具有重大影响

73.（单选题）2×22年甲公司发生如下与股权投资相关的交易或事项：

（1）3月，甲公司以银行存款1 600万元购入乙公司股票200万股，占乙公司公开发行股份的比重为25%，能够对乙公司施加重大影响。投资日，乙公司可辨认净资产的公允价值为5 000万元；

（2）9月，甲公司以其拥有的一台大型生产设备对丙公司进行投资，取得丙公司40%的股权，能够与其他股东对丙公司进行共同控制。该生产设备账面原值2 000万元，已计提折旧750万元，固定资产减值准备50万元；投资日该生产设备的公允价值为1 320万元。投资日，丙公司可辨认净资产的公允价值为3 500万元。

不考虑其他因素，下列关于甲公司会计处理的表述中，正确的是（　　）。

A. 甲公司购入乙公司股权的初始入账价值为1 250万元

B. 甲公司取得乙公司股权的初始投资成本为1 250万元

C. 甲公司应确认固定资产处置利得120万元

D. 2×22年9月，甲公司购入丙公司股票对利润总额的影响为80万元

74.（单选题）2×22年6月1日，甲公司以银行存款1 600万元购入乙公司股票400万股（占乙公司20%的股权），能够对乙公司施加重大影响。当日，乙公司可辨认净资产的公允价值为7 500万元。2×22年乙公司实现净利润3 000万元（全年均衡实现）。2×23年1月1日，甲公司又以银行存款7 500万元购入乙公司股票1 000万股（占乙公司发行股份的50%），至此能够对乙公司实施控制。2×23年乙公司实现净利润4 000万元。不考虑其他因素，下列说法正确的是（　　）。

A. 2×22年12月31日，甲公司"长期股权投资——损益调整"的增加额600万元

B. 2×22年12月31日，甲公司资产负债表中"长期股权投资"项目的金额为
1 950万元

C. 2×23 年 1 月 1 日，甲公司长期股权投资的初始投资成本为 7 500 万元

D. 2×23 年 12 月 31 日，甲公司应确认"投资收益"的金额为 2 800 万元

75. （单选题）关于共同经营中合营方会计处理的表述中，正确的是（　　　）。

A. 合营方取得共同经营中的利益份额，且该共同经营构成业务时，应当按照长期股权投资准则进行相应的会计处理

B. 合营方自共同经营购买资产的，在将该资产出售给第三方之前，应确认因该交易产生的损益中该合营方应享有的部分

C. 合营方向共同经营出售资产的，在该资产消耗之前，应当仅确认归属于共同经营其他参与方的利得或损失

D. 确认单独出售产生的收入，以及按其份额确认共同经营产生的收入

76. （多选题）同一控制下企业合并，合并方发生的下列支出中，应当通过"资本公积"科目核算的有（　　　）。

A. 法律咨询费用

B. 股票发行费用

C. 长期股权投资的初始投资成本与付出非货币性资产的账面价值的差额

D. 发行债务工具作为合并对价直接相关的交易费用

刷提高

77. （单选题）甲公司 2×22 年 1 月以银行存款 8 000 万元从非关联方取得某公司 80% 的股权，对其达到控制。当日，被投资单位可辨认净资产的公允价值为 11 000 万元，公允价值和账面价值相等。2×23 年 6 月，甲公司出售该公司 40% 的股权，收到银行存款 4 700 万元。出售部分股权后，甲公司丧失对该被投资单位的控制权，但仍具有重大影响。2×22 年 1 月至 2×23 年 6 月，被投资单位实现净利润 500 万元，未进行利润分配。不考虑其他因素，甲公司 2×23 年 6 月剩余长期股权投资调整后的账面价值为（　　　）万元。

A. 4 700　　　　　B. 4 600　　　　　C. 4 400　　　　　D. 4 200

78. （多选题）下列各项中，在权益法下应当调减被投资方本年净利润的有（　　　）。

A. 投资时点固定资产评估增值的部分补提的折旧额

B. 投资时点存货评估增值的部分的毛利润额

C. 内部交易形成的存货当年未售出部分的毛利润额

D. 内部交易形成的固定资产当年补提的折旧额

79. （判断题）采用成本法核算的长期股权投资，在追加投资时，应按照追加投资支付的成本的公允价值及发生的相关交易费用，增加长期股权投资的账面价值。

（　　　）

刷易错

80. （单选题）2×23 年 7 月 1 日，甲公司以银行存款 1 500 万元购入乙公司 20% 的股份，能够对乙公司施加重大影响；当日，乙公司可辨认净资产公允价值为 6 400 万元，账面价值为 6 000 万元，其差额由一台生产设备评估增值所致，该设备评估增值 400 万元，剩余使用年限 8 年。2×23 年 9 月，甲公司向乙公司销售商品一批，该商品成本为 200 万元，售价为 300 万元，乙公司购入作为存货核算，至年末甲公司出售 60%。2×23 年全年甲公司实现净利润 1 000 万元（全年均衡实现）。不考虑其他因素，甲公司 2×23 年底应确认的投资收益为（   ）万元。

A. 187 　　　　 B. 87 　　　　 C. 107 　　　　 D. 95

81. （单选题）戊公司由甲公司、乙公司、丙公司、丁公司共同出资设立，且戊公司的相关经营活动决策需要 85% 以上有表决权的各方共同作出。不考虑其他因素，下列股权组合中，能够形成集体控制的是（   ）。

A. 甲公司 60%、乙公司 20%、丙公司 15%、丁公司 5%

B. 甲公司 50%、乙公司 20%、丙公司 15%、丁公司 15%

C. 甲公司 40%、乙公司 30%、丙公司 20%、丁公司 10%

D. 甲公司 30%、乙公司 30%、丙公司 20%、丁公司 20%

82. （多选题）2×22 年 9 月 1 日，甲公司以一项生产用专利技术和一批库存商品取得乙公司 80% 的股权，能够对乙公司实施控制。当日，该专利技术账面原值 7 500 万元，累计摊销 2 500 万元，公允价值 6 000 万元；库存商品账面价值 2 500 万元，公允价值 3 600 万元。2×22 年 12 月 31 日，乙公司实现净利润 3 000 万元，并宣告发放现金股利 600 万元；当日，甲公司对该长期股权投资进行减值测试，预计可回收金额为 10 000 万元。已知，甲公司与乙公司在交易前不存在任何关联方关系。不考虑其他因素，甲公司下列会计处理中，正确的有（   ）。

A. 长期股权投资的初始入账价值为 9 600 万元

B. 2×22 年 12 月 31 日，投资收益的影响金额为 2 560 万元

C. 应确认"资产减值损失"的金额为 1 520 万元

D. 2×22 年 9 月，利润表中"营业利润"项目的影响金额为 2 100 万元

83. （判断题）在确定应享有的被投资单位实现的净损益，其他综合收益和其他所有者权益变动的份额时，应当考虑潜在表决权所对应的权益份额。（   ）

84. （判断题）企业通过多次交易分步处置对子公司股权投资直至丧失控制权，且该业务属于"一揽子"交易的，在丧失控制权之前每一次处置价款与所处置的股权对应的长期股权投资账面价值之间的差额，在个别财务报表中，都应当确认为当期损益。（   ）

刷通关

85. （单选题）2×22 年 1 月 1 日，甲公司发行 1 500 万股普通股股票从非关联方取得乙公司 80% 股权，发行的股票每股面值 1 元，取得股权当日，每股公允价值 6 元，为发行股票支付给券商佣金 300 万元。相关手续于当日完成，甲公司取得了乙公司的控制权，该企业合并不属于反向购买。乙公司 2×22 年 1 月 1 日所有者权益账面价值总额为 12 000 万元，可辨认净资产的公允价值与账面价值相同。不考虑其他因素，甲公司应确认的长期股权投资初始投资成本为（　　）万元。

A. 9 000   B. 9 600   C. 8 700   D. 9 300

86. （单选题）2×23 年 1 月 1 日，甲公司购入乙公司 20% 的有表决权的股份，能够对乙公司施加重大影响。当日，乙公司可辨认净资产的账面价值为 1 500 万元，除一批存货公允价值高于账面价值 100 万元，其他各项可辨认资产、负债的公允价值和账面价值相同。至 2×23 年 12 月 31 日，乙公司已将该批存货的 60% 对外出售。2×23 年度乙公司实现净利润 300 万元，分派现金股利 50 万元。不考虑其他因素，2×23 年度甲公司对乙公司股权应确认投资收益的金额为（　　）万元。

A. 52   B. 60   C. 58   D. 48

87. （单选题）2×22 年 5 月 10 日，甲公司将其持有的一项以权益法核算的长期股权投资全部出售，取得价款 1 200 万元，当日办妥手续。出售时，该项长期股权投资的账面价值为 1 100 万元，其中投资成本为 700 万元，损益调整为 300 万元，可重分类进损益的其他综合收益为 100 万元。不考虑增值税等相关税费及其他因素，甲公司处置该项股权投资应确认的相关投资收益为（　　）万元。

A. 100   B. 500   C. 400   D. 200

88. （多选题）下列关于长期股权投资入账价值说法中，正确的有（　　）。

A. 同一控制下企业合并中长期股权投资的入账价值为应享有的被投资方相对于最终控制方而言的所有者权益账面价值的份额

B. 非企业合并取得的长期股权投资，应以付出对价的公允价值为基础确定其初始入账价值

C. 非企业合并取得的长期股权投资，应以付出对价的账面价值为基础确定其初始入账价值

D. 非同一控制下的企业合并中长期股权投资的入账价值应以享有的被投资方可辨认净资产公允价值份额为基础确定入账价值

89. （多选题）2×23 年 10 月 1 日，甲公司以银行存款 800 万元取得乙公司 20% 的股权（能够对乙公司施加重大影响）；另以银行存款支付交易费用 10 万元。当日，乙公司可辨认净资产公允价值为 5 000 万元；甲公司取得该项投资时，乙公司已宣告但尚未发放的现金股利总额为 100 万元。2×23 年乙公司实现净利润 600 万元（全年均衡实现），9 月因持有其他债权投资的公允价值变动计入其他综合收益的金

额为 50 万元。不考虑其他因素，下列甲公司 2×23 年与该投资相关的会计处理中，正确的有（ ）。

A. "长期股权投资——投资成本"增加 1 000 万元

B. "营业外收入"增加 190 万元

C. "投资收益"增加 30 万元

D. "其他综合收益"增加 10 万元

90. （计算分析题）2×20 ~ 2×21 年，甲公司发生的与股权投资相关的交易或事项如下：

资料一：2×20 年 1 月 1 日，甲公司以银行存款 5 950 万元从非关联方取得乙公司 20% 有表决权的股份。另以银行存款支付手续费 50 万元，甲公司对该长期股权投资采用权益法核算。当日，乙公司可辨认净资产账面价值为 32 000 万元，各项可辨认资产、负债的公允价值均与其账面价值相同。本次投资前，甲公司不持有乙公司股份。且与乙公司不存在关联方关系，甲公司和乙公司的会计政策和会计期间均相同。

资料二：2×20 年 11 月 5 日，乙公司将其成本为 300 万元的 A 商品以 450 万元的价格销售给甲公司。款项已收存银行。甲公司将购入的 A 商品作为存货核算。至 2×20 年 12 月 31 日，甲公司购入的该批商品尚未对外销售。

资料三：2×20 年度乙公司实现净利润 3 000 万元。

资料四：2×21 年 5 月 10 日，乙公司宣告分派 2×20 年度现金股利 500 万元。2×21 年 5 月 15 日，甲公司收到乙公司派发的现金股利 100 万元。

资料五：2×21 年 6 月 5 日，甲公司将 A 商品以 520 万元的价格全部出售给外部独立第三方。2×21 年度乙公司实现净利润 1 800 万元。

本题不考虑增值税等相关税费及其他因素。

要求：

（1）计算甲公司 2×20 年 1 月 1 日取得对乙公司长期股权投资的初始投资成本，判断甲公司是否需要对该长期股权投资的初始投资成本进行调整，并编制相关会计分录。

（2）计算甲公司 2×20 年度对乙公司股权投资应确认的投资收益，并编制相关会计分录。

（3）分别编制甲公司 2×21 年 5 月 10 日确认应收现金股利和 2×21 年 5 月 15 日收到现金股利的相关会计分录。

（4）计算甲公司 2×21 年度对乙公司股权投资应确认的投资收益，并编制相关会计分录。

91. （综合题）2×21 ~ 2×22 年甲公司发生与股权交易的事项如下：

（1）2×21 年 1 月 16 日，甲公司以银行存款 820 万元（包含已宣告但尚未发放的现金股利 20 万元）取得乙公司发行的普通股 200 万股（占乙公司表决权资本的 5%），另支付交易费用 20 万元。甲公司将其指定为以公允价值计量且其变动计入其他综合收益的金融资产。

（2）2×21 年 1 月 20 日，甲公司收到现金股利。

（3）2×21 年 3 月 31 日，乙公司股票每股市价 4.5 元。

（4）2×21 年 6 月 30 日，甲公司又以一条生产线和一项专利权取得乙公司发行的普通股 800 万股（占乙公司表决权资本的 20%）。当日，生产线的账面原值为 1 000 万元，累计折旧为 400 万元，市场价值为 750 万元；专利权账面原值为 1 600 万元，累计摊销为 800 万元，市场价值为 1 050 万元；原 5% 股权的公允价值为 980 万元；乙公司可辨认净资产公允价值为 12 000 万元。取得该部分股权后，甲公司能够对乙公司施加重大影响。

（5）2×21 年 12 月 31 日，乙公司实现净利润 1 800 万元，因其他债权投资公允价值上升确认其他综合收益的金额为 200 万元。

（6）2×22 年 2 月 23 日，甲公司再以一项以公允价值模式计量的投资性房地产和银行存款 500 万元，取得乙公司 35% 的股权，取得该部分股权后，甲公司能够对乙公司实施控制。当日，投资性房地产账面价值为 2 600 万元，其中成本为 2 000 万元，公允价值变动为 600 万元，市场价值为 2 750 万元。上述交易不属于"一揽子"交易。

（7）2×22 年 6 月 30 日，乙公司发生亏损 7 000 万元。当日，甲公司为集中力量发展优势业务、剥离辅业，决定处置持有的乙公司全部股权，并与丙公司签订不可撤销的转让协议。约定甲公司向丙公司转让其持有的乙公司 60% 股权，对价总额为 7 000 万元。考虑到股权平稳过渡，双方协议约定，丙公司应在 2×22 年 9 月 30 日之前支付 2 400 万元，先取得乙公司 20% 股权；在 2×22 年 12 月 31 日之前支付 4 600 万元，以取得乙公司剩余 40% 股权。2×22 年 12 月 31 日至丙公司支付剩余价款的期间，乙公司仍由甲公司控制，若乙公司在此期间向股东进行利润分配，则后续 40% 股权的购买对价按丙公司已分得的金额进行相应调整。

（8）2×22 年 9 月 30 日，丙公司按照协议约定向甲公司支付 2 400 万元，甲公司将乙公司 20% 股权转让给丙公司，股权变更手续已于当日完成。

（9）2×22 年 12 月 31 日，丙公司向甲公司支付 4 600 万元，甲公司将乙公司剩余 40% 股权转让给丙公司并办理完毕股权变更手续，自此丙公司取得乙公司的控制权。

已知：甲公司、乙公司与丙公司在交易前不存在关联关系；甲公司按照净利润的 10% 计提法定盈余公积。

假定不考虑增值税与所得税等因素。

要求：

（1）根据资料（1），计算甲公司取得乙公司股权的成本，并编制相关会计分录。

（2）根据资料（2），编制甲公司收到乙公司分派现金股利的会计处理。

（3）根据资料（3），编制乙公司股票市价变动的会计处理。

（4）根据资料（4），计算 2×22 年 6 月 30 日甲公司取得乙公司股权的成本与初始入账价值，并编制相关会计分录。

（5）根据资料（5），编制甲公司因乙公司实现净利润和其他债权投资公允价值变动的会计分录。

（6）根据资料（6），判断甲公司购入乙公司股权属于同一控制下的企业合并还是非同一控制下企业合并，并说明理由，同时计算甲公司购入乙公司股权的成本，并编制相关会计分录。

（7）根据资料（7）～（9），判断甲公司处置乙公司股权是否属于"一揽子"交易，并说明理由，同时编制个别报表中的相关会计分录。

第七章　资产减值

刷基础

92.（单选题）下列关于资产减值的说法中，正确的是（　　）。

　　A. 资产存在可能发生减值迹象的，则一定发生减值

　　B. 资产的可收回金额为资产的公允价值减去处置费用后的净额

　　C. 资产的可收回金额为资产预计未来现金流量的现值

　　D. 资产的预计未来现金流量现值高于其账面价值的，则表明资产未发生减值

93.（单选题）2×23 年 12 月 31 日，甲公司一台设备账面价值为 800 万元。该设备由于无法确定其公允价值，因此，采用未来现金流量的现值确定其可收回金额。甲公司根据该设备的最低必要报酬率所计算的不考虑改良影响的未来现金流量现值为 780 万元，考虑改良影响的未来现金流量现值为 810 万元。不考虑其他因素，下列说法中正确的是（　　）。

　　A. 计算未来现金流量现值时应当采用与该设备改良有关的未来现金流量

　　B. 由于考虑改良影响的未来现金流量现值高于生产设备的账面价值，所以应确认的减值损失的金额为 0

　　C. 该设备的公允价值不能可靠计量时，应无法确定其可收回金额

　　D. 该设备的可收回金额为 780 万元

94.（判断题）资产组发生减值时，应当首先抵减分摊至资产组中商誉的账面价值。（　　）

95.（判断题）在资产减值测试中，计算资产未来现金流量现值时所使用的折现率应当是反映当前市场货币时间价值和资产特定风险的税后利率。（　　）

刷提高

96.（单选题）某企业固定资产剩余使用年限为 1 年，该企业预计未来一年内，该资产产生的净现金流量为 100 万元的概率为 40%，产生的净现金流量为 80 万元的概率为 30%，产生的净现金流量为 60 万元的概率为 30%。该企业采用期望现金流量法估计未来现金流量。不考虑其他因素，该设备未来一年预计产生的现金流量为（　　）万元。

A. 18   B. 24   C. 40   D. 82

97. (单选题) 甲公司对一个资产组进行减值测试，该资产组由一项账面价值为 2 100 万元的无形资产和一项账面价值为 700 万元的固定资产构成。当日，该资产组公允价值减去处置费用后的净额为 2 100 万元，预计未来现金流量的现值为 2 200 万元，该项固定资产的公允价值减去处置费用后的净额和预计未来现金流量的现值均为 560 万元。不考虑其他因素，下列各项说法中正确的是（　　）。

A. 固定资产减值损失金额为 150 万元

B. 无形资产减值损失金额为 460 万元

C. 该资产组的可收回金额为 2 100 万元

D. 该资产组减值损失金额为 700 万元

98. (判断题) 计算外币未来现金流量的现值时，应当采用资产负债表日的即期汇率进行折算。（　　）

刷易错

99. (单选题) 企业对下列各项资产计提的减值准备在以后期间不可转回的是（　　）。

A. 合同取得成本   B. 合同资产

C. 长期股权投资   D. 库存商品

100. (单选题) 下列资产中，计提的减值准备可以通过所有者权益转回的是（　　）。

A. 应收账款   B. 库存商品

C. 其他债权投资   D. 固定资产

101. (多选题) 下列各项资产中，无论是否发生减值迹象，企业均应于每年年末进行减值测试的有（　　）。

A. 使用寿命确定的无形资产   B. 商誉

C. 以成本模式计量的投资性房地产   D. 使用寿命不确定的无形资产

刷通关

102. (单选题) 2×23 年 12 月 1 日，甲公司一台设备的初始入账金额为 200 万元，已计提折旧 90 万元，已计提减值准备 20 万元。2×23 年 12 月 31 日，甲公司对该设备计提当月折旧 2 万元，因该设备存在减值迹象，甲公司对其进行减值测试，预计可收回金额为 85 万元。不考虑其他因素，2×23 年 12 月 31 日，甲公司对该设备应确认的减值损失金额为（　　）万元。

A. 25   B. 3   C. 23   D. 5

103. (多选题) 企业在资产减值测试时，下列关于预计资产未来现金流量的表述中，正确的有（   ）。

A. 不包括与企业所得税收付有关的现金流量

B. 包括处置时取得的净现金流量

C. 包括将来可能会发生的尚未作出承诺的重组事项现金流量

D. 不包括筹资活动产生的现金流量

104.（判断题）如果在资产负债表日，没有证据表明企业合并中形成的商誉存在减值迹象，则企业无须对该商誉进行减值测试。（   ）

105.（计算分析题）甲公司拥有一栋办公楼和 M、P、V 三条生产线，办公楼为与 M、P、V 生产线相关的总部资产。2×23 年 12 月 31 日，办公楼、M、P、V 生产线的账面价值分别为 200 万元、80 万元、120 万元和 150 万元。2×23 年 12 月 31 日，办公楼、M、P、V 生产线出现减值迹象，甲公司决定进行减值测试，办公楼无法单独进行减值测试。M、P、V 生产线分别被认定为资产组。

资料一：2×23 年 12 月 31 日，甲公司运用合理和一致的基础将办公楼账面价值分摊到 M、P、V 生产线的金额分别为 40 万元、60 万元和 100 万元。

资料二：2×23 年 12 月 31 日，分摊了办公楼账面价值的 M、P、V 生产线的可收回金额分别为 140 万元、150 万元和 200 万元。

资料三：P 生产线由 E、F 两台设备构成，E、F 设备均无法产生单独的现金流量。2×20 年 12 月 31 日，E、F 设备的账面价值分别为 48 万元和 72 万元，甲公司估计 E 设备的公允价值和处置费用分别为 45 万元和 1 万元，F 设备的公允价值和处置费用均无法合理估计。不考虑其他因素。

要求：

（1）分别计算分摊了办公楼账面价值的 M、P、V 生产线应确认减值损失的金额。

（2）计算办公楼应确认减值损失的金额，并编制相关会计分录。

（3）分别计算 P 生产线中 E、F 设备应确认减值损失的金额。

第八章　金融资产和金融负债

刷基础

106. （单选题）某企业持有的金融资产的目的是基于金融资产的公允价值作出决策并进行管理，则该企业对该金融资产的业务管理模式是（　　）。

    A. 收取合同现金流量为目标

    B. 收取合同现金流量和出售金融资产为目标

    C. 出售金融资产以取得现金流量为目标

    D. 主要以出售金融资产为目标，附带收取合同现金流量

107. （单选题）下列金融负债中，应当分类为以摊余成本计量的是（　　）。

    A. 交易性金融负债

    B. 以低于市场利率贷款的贷款承诺

    C. 非同一控制下企业合并中，企业作为购买方确认的或有对价形成的金融负债

    D. 发行的一般公司债券

108. （单选题）下列情形中，属于业务模式变更的是（　　）。

    A. 企业持有特定金融资产的意图改变

    B. 金融资产特定市场暂时性消失从而影响金融资产出售

    C. 金融资产在企业具有不同业务模式的各部门之间转移

    D. 将特定金融资产由收取合同现金流量为目标，改为以出售为目标

109. （判断题）企业对以公允价值计量且其变动计入当期损益的金融负债进行初始计量时，相关交易费用应直接计入当期损益。（　　）

刷提高

110. （单选题）2×23年1月1日，甲公司以银行存款2 000万元购入乙公司当日发行的3年期、每年年末付息、到期还本的公司债券，该债券票面年利率与实际年利率均为5％，甲公司将该债券划分为以公允价值计量且其变动计入其他综合收益的金融资产。2×23年12月31日，该债券的公允价值为1 970万元（不含利息），甲公司对该债券计提20万元信用减值损失。不考虑其他因素，该债券投资对甲公司2×23年营业利润的影响金额为（　　）万元。

A. 80   B. 50

C. 30   D. 100

111. （多选题）某企业管理的下列金融资产中，应当分类为以公允价值模式计量且其变动计入当期损益的金融资产的有（   ）。

A. 正常商业往来形成的具有一定信用期限的应收账款，并根据合同现金流量收取现金，且不会提前处置该应收账款

B. 与银行签订无追索权保理总协议的，可随时向银行出售的应收账款

C. 从二级市场购入的可转换公司债券

D. 以银行存款购入的股票型基金

112. （判断题）对于指定为以公允价值计量且其变动计入其他综合收益的非交易性权益工具投资，不计提减值准备。（   ）

刷易错

113. （多选题）下列关于金融负债的表述中，正确的有（   ）。

A. 发行一般公司债券的发行费用应计入当期损益

B. 以公允价值计量且其变动计入当期损益的金融负债以外的金融负债，除特殊规定以外，应当按摊余成本进行后续计量

C. 以摊余成本计量的金融负债初始确认时，相关交易费用应当计入初始确认金额

D. 以摊余成本计量且不属于任何套期关系一部分的金融负债所产生的利得或损失，应当在终止确认时计入当期损益或在按照实际利率法摊销时计入相关期间损益

114. （多选题）2×22 年 1 月 1 日，某制造企业以银行存款 1 000 万元购入 A 公司同日发行的 5 年期债券 12 500 份。该债券面值总额 1 250 万元，票面利率为 4.72%，实际利率为 10%，利息于每年年末支付，本金于债券到期时一次性偿还。该企业预计 A 公司不会提前赎回，并根据其管理该债券的业务模式和该债券的合同现金流量特征，将该债券分类为以公允价值计量且其变动计入其他综合收益的金融资产。2×22 年 12 月 31 日，A 公司债券的公允价值为 1 200 万元；2×23 年 12 月 31 日，A 公司债券的公允价值为 1 300 万元。不考虑其他因素，该企业下列会计处理正确的有（   ）。（计算结果保留整数）

A. 其他债权投资的初始入账价值为 1 000 万元

B. 2×22 年应分摊的摊余成本为 41 万元

C. 2×23 年 12 月 31 日应确认公允价值变动损益 55 万元

D. 2×23 年 12 月 31 日其他债权投资的账面价值为 1 300 万元

115. （判断题）某制造企业因购买货物产生的应付账款，通常应分类为以摊余成本计量的金融负债。（   ）

116.（判断题）企业对金融负债的分类一经确定，不得随意变更。（   ）

刷通关

117.（单选题）2×23 年 1 月 1 日。甲公司支付 1 947 万元从二级市场购入乙公司当日发行的期限为 3 年，按年付息、到期偿还面值的公司债券。该债券的面值为 2 000 万元，票面年利率为 5%，实际年利率为 6%。甲公司将该债券分类为以摊余成本计量的金融资产。不考虑其他因素，2×23 年 12 月 31 日，该债券投资的账面价值为（   ）万元。

A. 1 930.18   B. 1 963.82   C. 1 947   D. 2 063.82

118.（多选题）下列各项中，应将之前计入其他综合收益的累计利得或损失从其他综合收益转入当期损益的有（   ）。

A. 出售以公允价值计量且其变动计入其他综合收益的债券投资

B. 将以公允价值计量且其变动计入其他综合收益的债券投资重分类为以公允价值计量且其变动计入当期损益的金融资产

C. 将以公允价值计量且其变动计入其他综合收益的债券投资重分类为以摊余成本计量的金融资产

D. 出售指定为以公允价值计量且其变动计入其他综合收益的非交易性权益工具投资

119.（判断题）甲公司经批准在全国银行间债券市场公开发行的 1 年内到期的短期融资券，应当按照摊余成本进行后续计量。（   ）

120.（计算分析题）2×23 年，甲公司发生的与股份投资相关的交易或事项如下：

资料一：2×23 年 2 月 1 日，甲公司以银行存款 2 000 万元从二级市场购入乙公司 2% 有表决权的股份，将其指定为以公允价值计量且其变动计入其他综合收益的非交易性权益工具投资。

资料二：2×23 年 4 月 10 日，乙公司宣告发放现金股利 5 000 万元，2×23 年 4 月 20 日，甲公司收到乙公司发放的现金股利 100 万元。

资料三：2×23 年 6 月 30 日，甲公司持有的乙公司 2% 有表决权股份的公允价值为 1 850 万元。

资料四：2×23 年 8 月 10 日，甲公司为实现与乙公司的战略协议，以银行存款 5 500 万元进一步购入乙公司 5% 有表决权的股份，已办妥股份转让手续。当日，甲公司原持有的乙公司 2% 有表决权股份的公允价值为 2 200 万元。乙公司可辨认净资产的公允价值为 110 000 万元。至此，甲公司持有乙公司 7% 有表决权的股份，能够对乙公司施加重大影响，对该投资采用权益法核算。

本题不考虑相关税费及其他因素要求。

要求（"其他权益工具投资"科目应写出必要的明细科目）：

（1）编制甲公司 2×23 年 2 月 1 日取得乙公司 2% 有表决权股份的会计分录。

（2）编制甲公司 2×23 年 4 月 10 日确认应收股利，2×23 年 4 月 20 日收到现金股利的会计分录。

（3）编制甲公司 2×23 年 6 月 30 日确认所持乙公司 2% 有表决权股份公允价值变动的会计分录。

（4）计算甲公司 2×23 年 8 月 10 日对乙公司长期股权投资的初始投资成本，并编制相关的会计分录。

第九章 职工薪酬

刷基础

121. （单选题）企业向单独主体缴存固定费用后，不再承担进一步支付义务的离职后福利属于（　　）。

    A. 设定提存计划   B. 设定受益计划

    C. 长期利润分享计划   D. 辞退福利

122. （多选题）下列关于利润分享计划会计处理的表述中，正确的有（　　）。

    A. 确认应付职工薪酬的利润分享计划是企业的一项法定义务或推定义务

    B. 确认应付职工薪酬的利润分享计划所产生的义务金额能够可靠估计

    C. 企业在计量利润分享计划产生的应付职工薪酬时，应当反映职工因离职而无法享受利润分享计划福利的可能性

    D. 企业的利润分享计划是对净利润的分配

123. （判断题）企业根据经营业绩或职工贡献等情况提取的奖金，属于奖金计划，应当比照短期利润分享计划进行会计处理。（　　）

刷提高

124. （单选题）重新计量设定受益计划净负债或净资产变动导致的变动，应当计入（　　）。

    A. 公允价值变动损益   B. 投资收益

    C. 其他综合收益   D. 营业外收入

125. （多选题）下列各项关于企业职工薪酬会计处理的表述中，正确的有（　　）。

    A. 对总部管理层实施短期利润分享计划时，应将当期利润分享金额计入利润分配

    B. 将自有房屋免费提供给行政管理人员使用时，应将该房屋计提的折旧金额计入管理费用

    C. 对专设销售机构销售人员实施辞退计划时，应将预计补偿金额计入管理费用

    D. 对生产工人实行累积带薪缺勤制度时，应将累积未行使权利而增加的预期支付金额计入当期损益

126. （判断题）实施职工内部退休计划的企业，应将支付给内退职工的工资在职工内

退期间分期计入损益。（　　）

刷易错

127. （单选题）2×22年1月1日，甲公司实施对管理层的一项奖金计划。该计划规定，如果甲公司2×22年度实现的净利润超过2 000万元，其超过部分的20%将作为奖金发放给管理层。2×22年度甲公司实现净利润2 500万元。甲公司实施该奖金计划影响的财务报表项目是（　　）。

A. 营业外支出　　　　　　　　　B. 管理费用
C. 资本公积　　　　　　　　　　D. 其他综合收益

128. （多选题）下列各项关于企业职工薪酬会计处理的表述中，正确的有（　　）。

A. 营销人员的辞退补偿应当计入管理费用
B. 内退职工的工资应当计入营业外支出
C. 生活困难职工的补助应当计入营业外支出
D. 产品生产工人的工资应当计入生产成本

129. （判断题）企业实施职工内部退休计划的，应当按照离职后福利进行会计处理。
（　　）

刷通关

130. （单选题）甲公司为增值税一般纳税人，适用的增值税税率为13%。2×23年10月1日，甲公司以其生产的50台空调作为福利，发放给公司管理人员，每台售价为0.6万元，每台成本为0.4万元。不考虑其他因素，该事项对甲公司2×23年营业利润的影响金额为（　　）万元。

A. −20　　　　　B. 10　　　　　C. −23.9　　　　　D. 33.9

131. （多选题）下列各项关于企业职工薪酬会计处理的表述中，正确的有（　　）。

A. 企业实施职工内部退休计划的，在职工正式退休之前，比照辞退福利处理
B. 企业计提的工会经费，应按职工提供服务的受益对象计入当期损益或相关资产成本
C. 与未行使的短期累积带薪缺勤权利相关的职工薪酬，应以累积未行使权利而增加的预期支付金额计量
D. 与短期非累积带薪缺勤相关的职工薪酬应在职工实际发生缺勤的会计期间确认

132. （计算分析题）甲公司为增值税一般纳税人，增值税税率13%。2×22年有关职工薪酬资料如下：

（1）甲公司12月发生生产工人工资150万元（其中包括病假工资0.8万元，为

非累积带薪缺勤福利），车间管理人员工资 5 万元，公司管理人员工资 10 万元，研发人员工资 9 万元，共计 174 万元。

（2）甲公司根据所在地政府规定，按照职工工资总额的 12% 计提基本养老保险费，缴存当地社会保险经办机构。12 月甲公司缴存的基本养老保险费应计入生产成本的金额为 18 万元，应计入制造费用的金额为 0.6 万元，应计入管理费用的金额为 1.2 万元，应计入研发支出的金额为 1.08 万元，共计 20.88 万元。该离职后福利属于设定提存计划。

（3）甲公司本年度开始实行累积带薪年假制度。该制度规定：每个职工每年可享受 10 个工作日带薪休假，未使用年假只能向后结转一个日历年度，超过 1 年未使用的权利作废，不能在职工离开公司时获得现金支付；职工休年假是以后进先出为基础，即首先从当年可享受的权利中扣除，再从上年结转的带薪年假余额中扣除；职工离开公司时，公司对职工未使用的累积带薪休假不支付现金。甲公司共有 400 名员工，2×22 年 12 月 31 日，每个职工当年平均未使用带薪休假为 3 天。甲公司预计 2×23 年有 300 名职工将享受不超过 10 天的带薪休假，剩余 100 名职工每人将平均享受 12 天休假，假定甲公司平均每名职工每个工作日工资为 200元。假设未使用带薪休假的员工中，生产工人占 80%，企业管理人员占 20%。

（4）甲公司实行利润分享计划，该计划规定：公司高管人员按照当年税前利润 10% 享受奖金报酬。甲公司本年度税前利润为 250 万元。

（5）甲公司以其生产的毛巾被作为福利发放给生产工人，该批毛巾被市场售价总额为 5 万元（不含税价格），成本总额为 4 万元。

（6）12 月 1 日，甲公司租入房屋 4 套供管理人员免费使用，月租金共计 2 万元，每月月末支付租金，企业于当月 31 日以银行存款支付本月租金 2 万元（取得普通发票）。

（7）甲公司 12 月为了能够在下一年度顺利实施转产，管理层制订了一项辞退计划，计划规定，从 2×23 年 1 月 1 日起，企业将以强制方式辞退生产车间的部分职工，辞退补偿金总额为 60 万元。辞退计划的详细内容，包括拟辞退的职工所在部门、数量、各级别职工能够获得的补偿以及计划大体实施的时间等均已与职工沟通，并达成一致意见，辞退计划已于 12 月 10 日经董事会正式批准，将于下一个年度内实施完毕。

要求：根据上述资料，不考虑其他因素，对 2×22 年甲公司有关职工薪酬业务进行账务处理。

第十章 股份支付

刷基础

133. （单选题）下列交易或事项中，属于以现金结算的股份支付的是（　　）。

    A. 向公司内部高层管理人员授予股票期权

    B. 向员工出售低于市场价值的限制性股票

    C. 向债权人定向发行股票抵偿债务

    D. 授予研发人员以预期股价相对于基准日股价的上涨幅度为基础支付奖励款的计划

134. （多选题）下列各项中，影响企业对股份支付预计可行权情况作出估计的有（　　）。

    A. 市场条件　　　　　　　　　　B. 服务期限条件

    C. 非可行权条件　　　　　　　　D. 非市场条件

刷提高

135. （单选题）换取职工服务的股份支付采用以权益结算的股份支付的，企业应在等待期内的每个资产负债表日，以对可行权权益工具数量的最佳估计为基础，按照权益工具在授予日的公允价值，贷记的会计科目是（　　）。

    A. 营业外收入　　　　　　　　　B. 资本公积

    C. 股本　　　　　　　　　　　　D. 应付职工薪酬

136. （判断题）除立即可行权的股份支付外，对于现金结算的股份支付，企业在授予日不作会计处理。（　　）

刷易错

137. （单选题）2×23年1月1日，甲公司向其200名管理人员每人授予100份现金股票增值权，这些职员需从2×23年1月1日起在该公司连续服务3年，即可按照当时股价的增长幅度获得现金，该增值权需在2×27年12月31日前行使。2×23年12月31日，该现金股票增值权的公允价值为14元。2×23年内有20名员工离职，甲公司预计未来还将有15名员工离职。不考虑其他因素，甲公司该股份支付对 2×23 年营业利润的影响金额是（　　　）元。

A. 280 000　　　　　B. 84 000　　　　　C. 77 000　　　　　D. 0

138.（判断题）对于以现金结算的股份支付，企业在可行权日之后不再确认成本费用，负债公允价值的变动应当计入其他综合收益。（　　　）

刷通关

139.（单选题）2×23 年 1 月 1 日，甲公司向其 200 名管理人员每人授予 100 份股票期权，这些职员需从 2×23 年 1 月 1 日起在该公司连续服务 3 年，即可以 5 元每股购买 100 股甲公司股票。当日，每股股票的市价为 16 元，每份股票期权的市价为 18 元。不考虑其他因素，甲公司下列会计处理正确的是（　　　）。

A. 甲公司向管理人员授予股票期权属于以现金结算的股份支付

B. 2×23 年 1 月 1 日，无须进行账务处理

C. 2×23 年 1 月 1 日，应确认"管理费用"32 万元

D. 2×23 年 1 月 1 日，应确认"管理费用"36 万元

140.（判断题）对于可行权条件为业绩条件的股份支付，在确定权益工具的公允价值时，应当考虑市场条件的影响，所以，职工只满足其他所有非市场条件时，企业不应确认已取得的服务。（　　　）

第十一章 借款费用

刷基础

141. （单选题）2×23 年 1 月 5 日，甲公司因建造厂房向银行申请一笔 2 年期借款。2×23 年 2 月 1 日，甲公司外购一批钢材用于建造。2×23 年 4 月 10 日，甲公司的专门借款申请通过银行审批，当日收到。2×24 年 3 月 1 日建造完工，厂房达到预定可使用状态。2×24 年 4 月 1 日，甲公司办理竣工决算并正式使用。不考虑其他因素，甲公司该专门借款利息应予资本化期间是（　　）。
    A. 2×23 年 4 月 10 日~2×24 年 4 月 1 日
    B. 2×23 年 4 月 10 日~2×24 年 3 月 1 日
    C. 2×23 年 2 月 1 日~2×24 年 4 月 1 日
    D. 2×23 年 2 月 1 日~2×24 年 3 月 1 日

142. （多选题）下列各项中，属于非正常中断的有（　　）。
    A. 与施工方发生的质量纠纷
    B. 工程用料没有及时供应
    C. 生产过程中发生的安全事故
    D. 发生的与资产购建有关的劳动纠纷

143. （判断题）企业发生的权益性融资费用，应包括在借款费用中。（　　）

刷提高

144. （单选题）甲公司于 2×22 年 7 月 1 日正式动工建造一幢厂房，预计工期 2 年，并采用出包方式。甲公司分别于 2×22 年 7 月 1 日与 10 月 1 日支付工程进度款 2 000 万元和 3 200 万元。甲公司为建造该厂房占用两笔一般借款：（1）2×22 年 4 月 1 日，按面值发行公司债券 4 000 万元，期限为 5 年，票面年利率为 8%，每年年末支付利息，到期还本；（2）2×22 年 9 月 1 日，向某商业银行借入长期借款 3 000 万元，期限为 3 年，年利率为 6%，按年支付利息，到期还本。不考虑其他因素，甲公司上述一般借款于 2×22 年计入财务费用的金额为（　　）万元。
    A. 135　　　　　　B. 165　　　　　　C. 225　　　　　　D. 275

145. （判断题）符合资本化条件的资产在购建或者生产过程中发生非正常中断且中断

时间累计超过 3 个月的，应当暂停借款费用的资本化。（　　）

刷易错

146.（单选题）甲公司为建造一栋写字楼借入一笔 2 年期专门借款 4 000 万元，期限为 2×21 年 1 月 1 日至 2×22 年 12 月 31 日，合同年利率与实际年利率均为 7%，2×21 年 1 月 1 日甲公司开始建造该写字楼，并分别于 2×21 年 1 月 1 日和 2×21 年 10 月 1 日支付工程进度款 2 500 万元和 1 600 万元，超出专门借款的工程款由自有资金补充，甲公司将专门借款中尚未动用的部分用于固定收益债券短期投资，该短期投资月收益率为 0.25%，2×22 年 5 月 31 日，该写字楼建设完毕并达到预定可使用状态。假定全年按 360 天计算，每月按 30 天计算，不考虑其他因素，甲公司 2×21 年专门借款利息应予资本化的金额为（　　）万元。

A. 246.25　　　　B. 287　　　　C. 280　　　　D. 235

147.（判断题）甲公司为建造一栋办公楼占用一笔外币一般借款，该笔借款在资本化期间内的本金及利息产生的汇兑差额应当予以资本化。（　　）

刷通关

148.（多选题）2×23 年 1 月 1 日，甲公司开始建造一项固定资产。建造过程中占用一笔一般借款 3 000 万元，该借款于 2×22 年 1 月 1 日借入，合同年利率为 5%，实际年利率为 6.2%，期限为 3 年。2×23 年 1 月 1 日支出 1 000 万元，2×23 年 7 月 1 日支出 1 500 万元。2×24 年 8 月 31 日，固定资产达到预定可使用状态。不考虑其他因素，下列各项关于甲公司一般借款的会计处理表述中，正确的有（　　）。

A. 2×23 年一般借款利息资本化金额为 108.5 万元

B. 2×23 年一般借款利息费用化金额为 77.5 万元

C. 用合同年利率 5% 计算一般借款利息费用

D. 2×23 年一般借款资产支出加权平均数为 1 750 万元

149.（计算分析题）2×21～2×22 年甲公司发生的与借款有关的业务如下：

（1）2×21 年度业务：

①1 月 1 日，甲公司向银行借入一笔借款，专门用于建造办公楼。该笔借款本金 4 000 万元，借款期限为 2 年，票面年利率为 6%，每年年末支付利息，到期时归还本金。甲公司实际收到款项 3 985.38 万元，实际利率为 6.2%。甲公司按年计算应予资本化的利息金额。

②1 月 1 日至 4 月 30 日，甲公司收到专门借款的利息收入 20 万元。

③5 月 1 日，甲公司正式动工兴建办公楼，工期预计为 1 年零 6 个月，工程采用出包方式。

④5 月 1 日至 6 月 30 日，甲公司收到专门借款的利息收入 12 万元。

⑤因发生质量纠纷，该工程项目于 7 月 1 日至 10 月 31 日发生中断，同时收到专门借款的利息收入 16 万元。

⑥11 月 1 日至 12 月 31 日，甲公司收到专门借款的利息收入 4 万元。

⑦12 月 31 日，甲公司支付借款利息。

（2）2×22 年度业务：

①10 月 31 日，该办公楼达到预定可使用状态。

②2×22 年没有发生专门借款的利息收入。

③12 月 31 日，甲公司支付借款利息并偿还上述专门借款。

要求：

（1）根据 2×21 年度业务资料，判断 2×21 年度甲公司专门借款的资本化期间，并计算应予资本化的利息。

（2）根据 2×21 年度业务资料，编制甲公司相关会计分录。

（3）计算 2×22 年应予资本化的利息。

（4）根据 2×22 年度业务资料，编制甲公司相关会计分录。

第十二章 或有事项

刷基础

150. （多选题）与或有事项有关的义务在满足相关条件时，应确认为预计负债，下列各项中，属于相关条件的有（　　）。
    A. 该义务是由未来的结果确定
    B. 该义务是企业承担的未来义务
    C. 履行该义务很可能导致经济利益流出企业
    D. 该义务的金额能够可靠计量

151. （多选题）下列各项中，属于企业或有事项的有（　　）。
    A. 未决诉讼　　　　　　　　　　B. 债务担保
    C. 重组义务　　　　　　　　　　D. 环境污染整治

152. （多选题）企业在确定最佳估计数时，应当综合考虑的因素有（　　）。
    A. 风险和不确定性　　　　　　　B. 货币时间价值
    C. 未来事项　　　　　　　　　　D. 预期可获取的补偿

153. （判断题）甲公司涉及一桩诉讼案件，根据以往经验，甲公司很可能要败诉，但无法判断需要赔偿的金额，所以不应确认为预计负债。（　　）

154. （判断题）企业与其他企业签订购货合同产生的义务属于推定义务。（　　）

刷提高

155. （单选题）2×22年5月1日，甲公司承诺在2×22年7月1日以每件500元的价格向乙公司提供800件L商品；若不能按期交货，乙公司有权对甲公司处以总价款20%的违约金。当日，L产品尚未开始生产，但因自然灾害导致生产所需的X材料价格上涨40%，甲公司库存X材料的成本为15万元，可用于生产L商品400件。800件L商品预计的加工费与销售费用为9万元。2×22年6月30日，800件L产品生产完工并验收入库。2×22年5月初，"预计负债"科目贷方余额为0。不考虑其他因素，下列说法正确的是（　　）。
    A. 2×22年5月，甲公司应确认"预计负债"的金额为11万元
    B. 2×22年5月，甲公司利润表中"利润总额"项目减少5万元

  C. 2×22 年 6 月，甲公司"库存商品"增加 45 万元

  D. 2×22 年 6 月，甲公司资产负债表中"预计负债"项目的金额为 5 万元

156. （多选题）甲公司分别为其子公司乙、丙、丁、戊的银行借款提供全额担保。下列情形中，甲公司应确认为预计负债的有 （　　）。

  A. 乙公司贷款逾期未还，且被银行连带起诉，甲公司很可能承担还款责任

  B. 丙公司经营情况良好，甲公司有极小可能承担还款责任

  C. 丁公司受政策不利影响，可能不能按期偿还价款，甲公司可能承担还款责任

  D. 戊公司发生严重财务困难，甲公司基本确定承担还款责任

157. （多选题）下列各项中，属于或有事项直接形成的结果有 （　　）。

  A. 或有资产   B. 或有负债

  C. 预计负债   D. 基本确定可以收取的补偿

158. （判断题）企业对已经确认的预计负债在实际支出发生时，应当仅限于最初为之确定该预计负债的支出。（　　）

刷易错

159. （单选题）2×23 年 12 月 31 日，乙公司贷款逾期未还，由于甲公司为该贷款提供担保，银行向法院同时起诉甲公司和乙公司，但人民法院尚未作出判决。甲公司预计败诉的可能性为 85%，预计赔偿金额在 1 900 万元至 2 100 万元之间，该区间内每个金额的可能性相同，并承担诉讼费用 10 万元。不考虑其他因素，甲公司该事项应确认的预计负债金额为 （　　） 万元。

  A. 1 900   B. 2 000   C. 2 010   D. 2 100

160. （多选题）甲公司因排放污水污染环境被当地居民起诉至法院，当地居民要求赔偿损失 200 万元，甲公司经调查发现污水排放不达标系所购乙公司污水处理设备存在质量问题所致。经协商，乙公司同意补偿甲公司的诉讼赔偿款。截至 2×22 年 12 月 31 日，法院尚未对该诉讼作出判决，甲公司预计其很可能败诉，将要支付的赔偿金额为 110 万元至 130 万元的某一金额，且该区间内的金额可能性都相同，同时基本确定能够从乙公司收到的诉讼补偿为 100 万元。不考虑其他因素，下列各项关于甲公司对该未决诉讼的会计处理的表述中，正确的有 （　　）。

  A. 确认营业外支出 100 万元

  B. 确认预计负债 120 万元

  C. 利润总额减少 20 万元

  D. 确认一项资产 100 万元

161. （判断题）不可撤销亏损合同存在标的资产的，如果预计亏损低于标的资产的减值损失，企业应将差额部分确认为预计负债。（　　）

刷通关

162. （单选题）2×23 年 12 月，甲公司发生与或有事项有关的交易或事项如下：（1）16 日，甲公司因产品质量问题被乙公司起诉。甲公司预计很可能败诉，赔偿金额为 150 万元至 170 万元之间的某一金额，且区间内每一金额的可能性都大致相同。（2）31 日，甲公司向律师事务所咨询上月的一起诉讼案后，认为胜诉的可能性为 60%，败诉的可能性为 40%，且需要赔偿 100 万元。不考虑其他因素，甲公司 2×23 年 12 月 31 日应确认的预计负债的金额为（   ）万元。

A. 160   B. 200   C. 250   D. 270

163. （单选题）按照法律规定，甲公司对销售的设备提供 3 年的免费保修服务。根据以往经验，甲公司预计保修费用为销售金额的 1.5%。2×22 年 1 月 1 日，甲公司资产负债表中预计负债项目的金额为 350 万元。2×22 年度，甲公司销售 M 设备，实现销售收入 20 000 万元，实际发生的设备保修费用为 400 万元。不考虑其他因素，2×22 年 12 月 31 日，甲公司资产负债表中预计负债项目的金额为（   ）万元。

A. 100   B. 650   C. 300   D. 250

164. （单选题）2×22 年 12 月 31 日甲公司经有关部门批准，决定于 2×23 年 1 月 1 日关闭 W 工厂。预计未来 3 个月有关支出如下：支付辞退职工补偿金 2 000 万元，转岗职工培训费 50 万元，提前解除工厂租赁合同违约金 300 万元。不考虑相关因素，关闭 W 工厂导致甲公司 2×22 年 12 月 31 日增加的负债金额是（   ）万元。

A. 2 000   B. 2 300   C. 350   D. 50

165. （单选题）2×22 年 12 月 20 日，甲公司与乙公司签订不可撤销合同，合同约定甲公司在 2×23 年 2 月 20 日以每件 1 万元的价格向乙公司销售 100 件 P 产品，若不能按期交货，将按总价款的 10% 向乙公司支付违约金。截至 2×22 年 12 月 31 日，P 产品尚未投入生产。由于原材料价格上涨等原因，预计生产每件 P 产品需耗用原材料 0.9 万元，人工费用 0.3 万元，分摊生产用固定资产折旧费 0.1 万元。不考虑其他因素，2×22 年 12 月 31 日，甲公司因该合同应确认的预计负债金额为（   ）万元。

A. 30   B. 0   C. 10   D. 20

166. （判断题）资产负债表日，有确凿证据表明预计负债账面价值不能真实反映当前最佳估计数的，企业应对其账面价值进行调整。（   ）

167. （计算分析题）甲公司系增值税一般纳税人，适用的增值税税率为 13%。有关资料如下：

资料一：2×21 年 8 月 1 日，甲公司从乙公司购入一台不需安装的 A 生产设备并投入使用，已收到增值税专用发票，价款 1 000 万元，增值税税额为 130 万元，付款期为 3 个月。

资料二：2×21 年 11 月 1 日，应付乙公司款项到期，甲公司虽有付款能力，但因该设备在使用过程中出现过故障，与乙公司协商未果，未按时支付。2×21 年 12 月 1 日，乙公司向人民法院提起诉讼，至当年 12 月 31 日，人民法院尚未判决。甲公司法律顾问认为败诉的可能性为 70%，预计支付诉讼费 5 万元，逾期利息在 20 万元至 30 万元之间，且这个区间内每个金额发生的可能性相同。

资料三：2×22 年 5 月 8 日，人民法院判决甲公司败诉，承担诉讼费 5 万元，并在 10 日内向乙公司支付欠款 1 130 万元和逾期利息 50 万元。甲公司和乙公司均服从判决，甲公司于 2×22 年 5 月 16 日以银行存款支付上述所有款项。

资料四：甲公司 2×21 年度财务报告已于 2×22 年 4 月 20 日报出；不考虑其他因素。

要求：

（1）编制甲公司购进固定资产的相关会计分录。

（2）判断说明甲公司 2×21 年末就该未决诉讼案件是否应当确认预计负债及其理由；如果应当确认预计负债，编制相关会计分录。

（3）编制甲公司服从判决支付款项的相关会计分录。

第十三章 收 入

刷基础

168. （单选题）下列各项中，能够表明企业向客户转让商品时明确可区分的承诺的是（ ）。

A. 企业需提供重大的服务以将该商品与合同中承诺的其他商品进行整合，形成合同约定的某个或某些组合产出转让给客户

B. 客户能够从该商品本身或者从该商品与其他易于获得的资源一起使用中受益

C. 该商品将对合同中承诺的其他商品予以重大修改或定制

D. 该商品与合同中承诺的其他商品具有高度关联性

169. （单选题）甲公司主营电视机的生产与销售。2×23 年 10 月，向乙家电零售公司（以下简称"乙公司"）销售电视机 1 000 台，每台价格为 3 500 元。同时，甲公司向乙公司提供价格保护，承诺如果未来 3 个月之内同类电视机价格下降，则按照合同价格与最低售价之间的差额向乙公司支付差价。甲公司根据以往执行类似合同的经验，预计各种结果可能发生的概率如下表所示。

未来 3 个月内的降价金额（元/台）	概率（%）
0	40
200	30
300	20
500	10

上述价格均为不含增值税的金额。不考虑其他因素，甲公司每台电视机的交易价格为（ ）元。

A. 3 500   B. 2 500   C. 3 300   D. 3 330

170. （多选题）某企业应当将与同一客户同时订立或在相近时间内先后订立的两份或多份合同合并为一份合同进行处理的情形有（ ）。

A. 两份或多份合同中所承诺的商品具有同质性

B. 两份或多份合同中所承诺的商品构成单项履约义务

C. 一份合同在不考虑另一份合同对价的情况下将会发生亏损

D. 一份合同如果发生违约，将会影响另一份合同的对价

171. （多选题）企业在评估一项质量保证是否在向客户保证所销售的商品符合既定标准之外提供了一项单独的服务时，应当考虑的因素有（   ）。

A. 该质量保证是否为法定要求

B. 质量保证期限

C. 企业承诺履行任务的性质

D. 该质量保证服务的市场价值占商品售价的比重

172. （判断题）尚未向客户履行转让商品的义务而已收或应收客户对价中的增值税部分，应确认为合同负债。（   ）

刷提高

173. （单选题）2×23 年 1 月 1 日，甲公司开始推行一项奖励积分计划。根据该计划，客户在甲公司每消费 4 元可获得 1 个积分，每个积分从次月开始在购物时可以抵减 1 元。截至 2×23 年 1 月 31 日，客户共消费 200 万元，可获得 50 万个积分。根据历史经验，甲公司估计该 50 万个积分会全部兑换，假设次月已经兑换的积分为 18 万个，则已经兑换的 18 万个积分对应确认的收入为（   ）万元。

A. 18   B. 14.4   C. 40   D. 28.8

174. （多选题）2×22 年 1 月 1 日，甲公司与乙公司签订一份 A 产品的销售合同。合同约定，乙公司在 2×22 年的采购量不超过 2 000 件时，每件产品的价格为 80 元；反之，每件产品的价格为 70 元。乙公司在第一季度的采购量为 150 件，甲公司预计乙公司全年的采购量不会超过 2 000 件。乙公司在第二季度的采购量为 1 000 件，甲公司预计乙公司全年的采购量将超过 2 000 件。不考虑其他因素，甲公司下列会计处理中正确的有（   ）。

A. 甲公司在第一季度应确认的收入金额为 12 000 元

B. 甲公司在第二季度应确认的收入金额为 68 500 元

C. 甲公司前两个季度累计应确认的收入金额为 80 500 元

D. 甲公司前两个季度累计应确认的收入金额为 92 000 元

175. （多选题）甲公司为一家线上考试技术服务公司。2×22 年通过竞标，取得一个国家部门组织的大型在线考试服务的合同。为取得该合同，甲公司支付差旅费 1 万元，投标费 10 万元，销售人员佣金 2 万元。根据合同约定，若甲公司当年提供的服务满意度能够达到 95%，则明年继续续约；当年甲公司提供服务的满意度为 98%。甲公司相关政策规定，员工每取得一份新合同，可以获得佣金 0.5 万元，现有合同续约一次，可获得提成 1.5 万元（该提成预期能够收回）。不考虑其他因素，甲公司发生的上述支出中，属于"合同取得成本"的有（   ）。

A. 差旅费 1 万元   B. 投标费 10 万元

C. 销售人员佣金 2 万元　　　　　　D. 合同续约提成 1.5 万元

176. （判断题）甲公司与乙公司签订一份船舶建造合同，并按照乙公司的要求建造一艘游轮（乙公司无法控制在建船舶，且违约时还需向甲公司支付 30% 的违约金）。建造过程中，该游轮的所有权归甲公司所有；若甲公司想将该游轮出售给其他公司，还需发生重大改造成本，则甲公司应将该业务作为时段履约义务进行会计处理。（　　）

刷易错

177. （单选题）2×22 年 11 月 11 日，甲公司向乙公司销售 M 商品 1 000 件，每件商品 100 元。由于是成批销售，甲公司决定给予乙公司价格折扣，但 M 商品的生命周期较短，且 M 商品定价波动较大，所以甲公司给予乙公司的折扣范围为销售价格的 20%～60%。根据当前市场情况，降价幅度需要达到 15%～50%，才能有效提高该商品的周转率。不考虑其他因素，甲公司该业务应确认的交易价格为（　　）元。

A. 40 000　　　　　B. 50 000　　　　　C. 60 000　　　　　D. 80 000

178. （多选题）甲公司是一家旅行社，2×22 年发生的如下业务中，应作为主要责任人的情形有（　　）。

A. 销售从乙航空公司购入一定数量的折扣机票，且甲公司向旅客销售机票时，可自行决定机票的价格，未售出的机票不能退还给乙航空公司

B. 销售丙景点预定规格价格的门票，甲公司有权向客户收取订票手续费

C. 销售丁餐厅的代金券，甲公司有权从代金券的销售额中收取 10% 的佣金，但在代金券销售给客户之前，甲公司无须自行购买该代金券

D. 销售戊酒店的客房服务，服务内容由甲公司制定，客户无权要求戊酒店提供未经甲公司同意的服务

179. （多选题）2×22 年为满足有特殊需求的大客户，甲连锁餐饮公司组建一家美食创意公司，主营美食创意方案的设计。不考虑其他因素，该美食创意公司本期发生的下列支出中，应确认为"合同履约成本"的有（　　）。

A. 提供给乙公司的美食创意方案而发生的成本支出

B. 为丙公司进行美食方案推广测试发生的成本支出

C. 为丁公司进行美食方案推广而专门指派的员工工资支出

D. 履行为戊公司设计的美食方案而购买硬件的成本支出

180. （判断题）企业对于其某一项履约义务，可以采用不同的方法来确定其履约进度。（　　）

刷通关

181. （单选题）2×22 年 10 月 1 日，甲公司与乙公司签订一份销售合同。合同约定，甲公司向乙公司销售 P 商品一批，于两年后交货。合同包含两种可供选择的付款方式，即乙公司可选择在两年后交付商品时支付 466.56 万元，或是在合同签订时支付 400 万元。乙公司选择在合同交货时支付货款。该批 P 商品的控制权在交货时转移；上述两种计算方式计算的内含利率为 8%。不考虑增值税等其他因素，甲公司下列会计处理正确的是（   ）。

    A. 2×22 年 10 月 1 日，确认主营业务收入 466.56 万元

    B. 2×22 年 12 月 31 日，确认财务费用 8 万元

    C. 2×23 年 12 月 31 日，确认财务费用 -32.64 万元

    D. 2×24 年 9 月 30 日，冲减合同资产 400 万元

182. （多选题）下列关于合同履约成本的相关表述中，正确的有（   ）。

    A. 与一份当前或预期取得的合同直接相关

    B. 初始确认时摊销期限不超过一年或一个营业周期

    C. 已计提减值准备的以后期间不得转回

    D. 应采用与该合同履约成本相关的收入确认相同的基础进行摊销并计入当期损益

183. （判断题）销售合同约定客户支付对价的形式为股票的，企业应当根据合同开始日后股票公允价值的变动调整合同的交易价格。（   ）

184. （综合题）甲公司产品销售政策规定，对初次购买其生产的产品的客户不提供价格折让，对于再次购买其生产的产品的客户，提供 1%~5% 的价格折让。2×22~2×23 年甲公司发生的有关交易事项如下。

    （1）2×22 年 7 月 10 日，甲公司与乙公司签订的商品销售合同约定，甲公司向乙公司销售 A 产品 500 件。甲公司应于 2×22 年 12 月 10 日前交付，合同价格为每件 25 万元。乙公司于合同签订日预付合同价格的 20%。2×22 年 9 月 12 日，甲公司与乙公司对上述合同签订的补充协议约定，乙公司追加购买 A 产品 200 件，追加价格为每件 24 万元。甲公司应于 2×22 年 12 月 20 日前交付。乙公司于补充协议签订日预付合同价格的 20%。甲公司对外销售 A 产品价格为每件 25 万元。2×22 年 12 月 10 日，乙公司收到 700 件 A 产品并验收合格入库，剩余款项（包括增值税）以银行存款支付。乙公司另以银行存款支付发生的运输费 200 万元，增值税 18 万元；发生运输保险费 20 万元，增值税 1.2 万元；发生入库前挑选整理费 5 万元和入库后整理费 3 万元。

    （2）按照丙公司经营策略，丙公司拟采购一台大型机械设备，为此丙公司进行招标，甲公司中标，承接了丙公司的项目。2×22 年 10 月 30 日，甲公司与丙公司签订的大型机械设备采购合同约定，甲公司为丙公司生产一台大型机械设备并提供安装（假定该设备安装复杂，只能由甲公司提供），合同价格为 15 000 万元。

甲公司应于 2×23 年 9 月 30 日前交货。

2×22 年 11 月 5 日，甲公司与丙公司又签订另一份合同，约定甲公司为丙公司建造的大型机械设备在交付丙公司后，需对大型机械设备进行重大修改，以实现与丙公司现有若干设备的整合，合同价格为 3 000 万元。甲公司应于 2×23 年 11 月 30 日前完成对该设备的重大修改。上述两份合同的价格均反映了市场价格。2×22 年 11 月 10 日，甲公司与丙公司签订的一份服务合同约定，甲公司在未来 3 年内为丙公司上述设备进行维护，合同价为每年 800 万元。甲公司为其他公司提供类似服务的合同价格与该合同确定的价格相同。设备及安装、修改、整合工作按合同的约定时间完成，且丙公司检验合格，并于 2×23 年 12 月 1 日投入生产使用。

其他资料：（1）甲公司和乙公司均为增值税一般纳税人；（2）上述合同均通过合同各方管理层批准，满足合同成立的条件；（3）甲公司销售商品适用的增值税税率为 13%，所得税税率为 25%；（4）上述合同价格或销售价格均不含增值税；（5）以上事项的会计处理与税法规定相同；（6）不考虑除增值税、所得税外其他相关税费。

要求：

（1）根据资料（1），判断甲公司与乙公司在原合同基础上签订补充协议，是否属于合同变更，说明会计处理方法，并说明理由；判断甲公司确认销售 A 产品收入的方法、时点，说明理由；编制甲公司出售 A 产品相关的会计分录。

（2）根据资料（1），计算乙公司购入产品的成本总额和单位成本。

（3）根据资料（2），判断甲公司与丙公司分别签订的三份合同是否应合并，说明理由；如果合同合并，判断每份合同有几项履约义务，并说明理由；如合同不合并，判断每份合同有几项履约义务。

185.（综合题）2×20 ~ 2×23 年，甲公司及乙公司发生的相关交易或事项如下：

（1）2×20 年 3 月 10 日，甲公司以 6 000 万元的价格取得一宗土地使用权，使用期限 50 年，自 2×20 年 4 月 1 日开始起算。该土地在甲公司所属的 A 酒店旁边，甲公司拟在新买的土地上建造 A 酒店 2 期。与土地使用权相关的产权登记手续于 2×20 年 4 月 1 日办理完成，购买土地使用权相关的款项已通过银行转账支付。甲公司对该土地使用权按 50 年采用直线法摊销，预计净残值为 0。

（2）2×20 年 3 月 20 日，甲公司与乙公司签订一份固定造价合同，合同约定：乙公司为甲公司建造 A 酒店 2 期项目，合同价款为 16 000 万元，建造期间为 2×20 年 4 月 1 日至 2×22 年 9 月 30 日；乙公司负责工程的施工建造和管理，甲公司根据第三方工程监理公司确定的已完成工程量，每年年末与乙公司结算一次；在 A 酒店 2 期项目建造过程中甲公司有权修改其设计方案；如甲公司终止合同，A 酒店 2 期项目已建造的部分归甲公司所有；如果工程发生重大质量问题，乙公司应按实际损失支付赔偿款；双方确定合同价款的 10% 作为质量保证金，如果工程在完工之日起 1 年内没有发生重大质量问题，甲公司将支付工程质量保证金。

（3）2×20 年 4 月 10 日，乙公司开始对 A 酒店 2 期项目进行施工，预计合同总成本为 12 000 万元。2×21 年因建筑材料涨价等原因，乙公司将预计合同总成本调整为 18 000 万元。截至 2×22 年 9 月 30 日，累计实际发生的工程成本为 17 500 万元。乙公司采用成本法确定履约进度，每年实际发生的成本中 60% 为建筑材料费用，其余为工资薪金支出。与该项目合同相关的资料如下：

单位：万元

项目	2×20 年	2×21 年	2×22 年	2×23 年
至年末累计实际发生成本	3 600	10 800	17 500	—
预计完成合同尚需发生的成本	8 400	7 200	—	—
年末结算合同价款	4 800	5 600	5 600	—
实际收到价款	4 000	5 500	4 900	1 600

（4）甲公司 A 酒店 2 期项目 2×22 年 9 月 30 日完工，达到合同约定的可使用状态，并经验收后交付使用。

其他有关资料：第一，甲公司与乙公司无关联方关系。第二，乙公司建造 A 酒店 2 期项目整体构成单项履约义务。第三，乙公司单独设置"合同结算"科目对工程项目进行核算，不设置"合同资产"和"合同负债"科目。第四，本题不考虑税费及其他因素。

要求：

（1）指出乙公司确认收入的时点，并说明理由。

（2）计算乙公司 2×21 年和 2×22 年分别应确认的收入。

（3）编制乙公司 2×21 年与履行合同义务相关的会计分录，说明乙公司因履行该合同义务确认的资产和负债在 2×21 年 12 月 31 日资产负债表中列示的项目名称及金额。

（4）计算甲公司 A 酒店 2 期项目的实际成本。

第十四章　政府补助

刷基础

186. （单选题）下列各项中，属于政府补助的是（　　　）。
    A. 财政贴息　　　　　　　　　　　B. 增加计税抵扣额
    C. 增值税出口退税　　　　　　　　D. 直接免征的企业所得税

187. （多选题）2×22年7月，甲企业响应所在城市开发区政府的号召，将位于市区的工业园区整体搬迁至高新开发区；原工业园区用地移交开发区政府收储，并由开发区政府向甲企业按原所在地段工业用地基准地价评估价值10亿元支付搬迁补偿资金。不考虑其他因素，甲企业下列会计处理中正确的有（　　　）。
    A. 收取的补偿资金作为政府补助进行会计处理
    B. 确认递延收益10亿元
    C. 收取的补偿资金作为处置非流动资产的收入
    D. 确认资产处置损益10亿元

188. （判断题）企业收到用于补偿其已发生损失的与收益相关的政府补助，将其直接计入当期损益或冲减相关成本费用。（　　　）

刷提高

189. （单选题）2×23年1月16日，甲公司向当地政府提交600万元的补助申请，用于购买生产用环保设备。2×23年4月15日，甲公司收到政府补贴款600万元。次日，甲公司以银行存款950万元购入需安装的环保设备一台，支付安装费10万元。2×23年4月30日，该环保设备达到预定可使用状态，预计使用年限为10年，预计净残值为0，采用直线法计提折旧。甲公司采用总额法核算政府补助，当年生产的产品全部对外出售。不考虑其他因素，上述业务对甲公司2×23年利润表中"营业利润"项目的影响金额为（　　　）万元。
    A. 40　　　　　　　B. 0　　　　　　　C. -64　　　　　　D. -24

190. （多选题）2×22年度，甲公司作为政府推广使用W产品的中标企业，以8 000万元的中标价格将一批生产成本为7 000万元的W产品出售给客户，该批产品的市场价格为9 500万元，销售当日该批W产品控制权已转移，满足收入确认条件，当年甲公司收到销售该批 W 产品的财政补贴 1 500 万元并存入银行，不考虑其他因素，上述经济业务对甲公司 2×22 年度利润表项目影响的表述中，正确的有（　　）。

A. 增加营业外收入 1 500 万元

B. 增加营业利润 2 500 万元

C. 增加营业成本 7 000 万元

D. 增加营业收入 8 000 万元

刷易错

191. （多选题）下列各项与资产相关的政府补助会计处理的表述中，正确的有（　　）。

A. 净额法下企业已确认的政府补助退回时，应当调整相关资产的账面价值

B. 总额法下企业提前处置使用不需退回的政府补助购建的固定资产，尚未摊销完毕的递延收益应当转入当期损益

C. 净额法下企业在购入相关资产时，应将原已收到并确认为递延收益的政府补助冲减所购资产账面价值

D. 总额法下，企业收到政府补助时确认递延收益，在相关资产使用寿命内按合理、系统的方法分期转入损益

192. （判断题）企业对同类或类似政府补助业务只能选用一种方法，并且企业对该业务应当一贯地运用该方法，不得随意变更。（　　）

刷通关

193. （单选题）甲公司对政府补助采用总额法进行会计处理，甲公司 2×22 年 5 月收到的下列各项政府补助款中，应在收到时确认为递延收益的是（　　）。

A. 上月用电补助款 21 万元

B. 新型实验设备购置补助款 50 万元

C. 失业保险稳岗返还款 31 万元

D. 即征即退的增值税款 20 万元

194. （多选题）甲公司为生产环保材料的高新企业，下列各项中，甲公司应按照政府补助准则进行会计处理的有（　　）。

A. 收到科技创新政府奖励 800 万元

B. 收到增值税出口退税额 1 000 万元

C. 因符合研发费用加计扣除政策，增加计税抵扣额 1 000 万元

D. 收到失业保险稳岗补贴 600 万元

195. （多选题）2×22 年 12 月，企业从政府取得的下列款项中，应计入 2×22 年度损益的有（　　）。

A. 因 2×22 年 12 月遭受洪灾而从政府部门收到的赈灾补贴

B. 收到在建排污设施的补贴款

C. 收到拟用于 2×23 年度环保设备购置的补贴款

D. 收到 2×22 年 11 月已交增值税的退税额

196. （判断题）企业收到用于弥补以前年度自然灾害的政府补助资金，应调整本年期初留存收益。（　　）

197. （计算分析题）2×22 年 6 月，甲公司发生的与政府补贴相关的交易或事项如下：

资料一：2×22 年 6 月 10 日，甲公司收到即征即退的增值税税款 20 万元，已存入银行。

资料二：2×22 年 6 月 15 日，甲公司与某市科技局签订科技研发项目合同书。该科技研发项目总预算为 800 万元，其中甲公司自筹 500 万元，市科技局资助 300 万元。市科技局资助的 300 万元用于补贴研发设备的购买，研发成果归甲公司所有。2×22 年 6 月 20 日，甲公司收到市科技局拨付的 300 万元补贴资金，款项已收存银行。2×22 年 6 月 25 日，甲公司以银行存款 400 万元购入研发设备，并立即投入使用。

资料三：2×22 年 6 月 30 日，甲公司作为政府推广使用的 A 产品的中标企业，以 90 万元的中标价格将一批生产成本为 95 万元的 A 产品出售给消费者。该批 A 产品的市场价格为 100 万元。当日，A 产品的控制权已转移，满足收入确认条件。2×22 年 6 月 30 日，甲公司收到销售该批 A 产品的财政补贴资金 10 万元并存入银行。甲公司对政府补助采用总额法进行会计处理。

本题不考虑增值税、企业所得税及其他因素。

要求：

（1）判断甲公司 2×22 年 6 月 10 日收到即征即退的增值税税款是否属于政府补助，并编制收到该款项的会计分录。

（2）判断甲公司 2×22 年 6 月 20 日收到市科技局拨付的补贴资金是否属于政府补助，并编制收到补贴款的会计分录。

（3）编制甲公司 2×22 年 6 月 25 日购入设备的会计分录。

（4）判断甲公司 2×22 年 6 月 30 日收到销售 A 产品的财政补贴资金是否属于政府补助，编制收到该款项的会计分录。

198. （计算分析题）甲公司对政府补助采用总额法进行会计处理。其与政府补助相关的资料如下：

资料一：2×21 年 4 月 1 日，根据国家相关政策，甲公司向政府有关部门提交了购置 A 环保设备的补贴申请。2×21 年 5 月 20 日，甲公司收到了政府补贴款 12 万元存入银行。

资料二：2×21 年 6 月 20 日，甲公司以银行存款 60 万元购入 A 环保设备并立即投入使用。预计使用年限为 5 年。预计净残值为 0，采用年限平均法计提折旧。

资料三：2×22 年 6 月 30 日，因自然灾害导致甲公司的 A 环保设备报废且无残值，相关政府补助无须退回。

本题不考虑增值税等相关税费及其他因素。

要求：

（1）编制甲公司 2×21 年 5 月 20 日收到政府补贴款的会计分录。

（2）编制 2×21 年购入设备的会计分录。

（3）计算 2×21 年 7 月份应计提折旧的金额，并编制相关会计分录。

（4）计算 2×21 年 7 月份应分摊的政府补助的金额，并编制相关会计分录。

（5）编制 2×22 年 6 月 30 日环保设备报废的分录。

第十五章 非货币性资产交换

刷基础

199. （单选题）制造企业与非关联方发生的下列各项交易中，应按非货币性资产交换准则进行会计处理的是（   ）。

A. 以生产成本为 280 万元的产品换取客户持有的公允价值为 340 万元的土地使用权

B. 以公允价值为 170 万元的长期股权投资换入公允价值为 250 万元的投资性房地产，并支付补价 80 万元

C. 以公允价值为 340 万元的专利技术换入票面金额为 340 万元的以摊余成本计量的应收票据

D. 以公允价值为 320 万元的商标权换入公允价值为 290 万元的机器设备，并收到补价 30 万元

200. （多选题）某企业对于具有商业实质的以公允价值计量的非货币性资产交换（不涉及补价）的下列会计处理中，正确的有（   ）。

A. 换出固定资产的，应将公允价值与账面价值间的差额计入营业外收入或营业外支出

B. 换出投资性房地产的，应按公允价值确认收入，账面价值结转成本

C. 换出长期股权投资的，应将公允价值与账面价值间的差额计入投资收益

D. 换出库存商品的，应按公允价值确认收入，账面价值结转成本

201. （多选题）下列支出属于企业在以账面价值为基础计量的非货币性资产交换中，能够影响换入资产成本的有（   ）。

A. 换出资产的公允价值　　　　　　　B. 应支付的相关税费

C. 换入资产的公允价值　　　　　　　D. 支付补价的账面价值

202. （判断题）以账面价值为基础计量的非货币性资产交换，企业应当以换出资产的账面价值为基础确定换入资产的初始计量金额，且换出资产终止确认时还应确认损益。（   ）

刷提高

203. （单选题）2×22 年 12 月 19 日，甲公司以一幢自用办公楼换入乙公司持有的对

联营企业丙公司的长期股权投资。交换日，甲公司该幢写字楼的账面原价为 600 万元，已计提折旧 120 万元，不含税的公允价值为 550 万元；乙公司持有的对丙公司长期股权投资的账面价值为 450 万元，公允价值为 500 万元。乙公司另向甲公司支付补价 50 万元。甲公司对换入的丙公司投资仍作为长期股权投资，并采用权益法进行后续计量；乙公司换入写字楼后用于经营租出，并采用公允价值模式进行后续计量。不考虑其他因素，下列说法正确的是（　　）。

A. 甲公司该业务不属于非货币性资产交换

B. 甲公司长期股权投资的成本无法计量

C. 乙公司该业务属于权益性交易

D. 乙公司 2×22 年 12 月利润表中"营业利润"项目增加 70 万元

204.（多选题）某企业发生的下列业务中，具有商业实质的有（　　）。

A. 以一项生产用的设备换入一批存货

B. 以经营出租给上市公司职工用的公寓楼换入以经营出租给多个个人租户的公寓楼

C. 以甲上市公司 10% 的股权换入一项解决生产中技术难题的专利权

D. 以一批存货换入经营业务相同的企业的另一批存货

205.（多选题）甲公司以自产的 A 产品（无市场同类产品）和一张商业汇票换取乙公司的一项管理用非专利技术。交换日，该公司换出 A 产品的账面价值为 750 万元，商业汇票的账面价值为 50 万元，公允价值为 60 万元；乙公司换出的管理用非专利技术的账面价值为 800 万元。已知，上述资产的公允价值均无法可靠计量，且该项非货币性资产交换不具有商业实质。不考虑增值税等其他因素，下列说法中正确的有（　　）。

A. 甲公司该项非货币性资产交换不适用非货币性资产交换准则

B. 甲公司换入管理用非专利技术的入账价值为 810 万元

C. 甲公司该项非货币性资产交换确认的损益金额为 10 万元

D. 乙公司换入 A 产品的入账价值为 740 万元

刷易错

206.（单选题）下列各项中，属于非货币性资产的是（　　）。

A. 应收票据　　　　　　　　　B. 债权投资

C. 预收账款　　　　　　　　　D. 交易性金融资产

207.（判断题）实务中，在考虑了补价因素的调整后，正常交易换入资产的公允价值和换出资产的公允价值应当是不一致的。（　　）

刷通关

208. （单选题）甲公司以无形资产与乙公司的固定资产进行非货币性资产交换，甲公司换出无形资产的原值为 300 万元，累计摊销为 45 万元，公允价值为 280 万元；乙公司换出固定资产的原值为 400 万元，累计折旧为 100 万元，已计提减值准备为 75 万元，公允价值为 280 万元。该项资产交换具有商业实质。不考虑其他因素，甲公司因该项交换应确认的资产处置损益为（ ）万元。

A. -20   B. 55   C. 45   D. 25

209. （多选题）在非货币性资产交换中，以公允价值和应支付的相关税费作为换入资产成本，需要同时满足的条件有（ ）。

A. 该项交换具有商业实质

B. 换入资产或换出资产的公允价值能够可靠地计量

C. 换入资产的公允价值大于换出资产的公允价值

D. 换入资产预计未来现金流量现值大于换出资产的预计未来现金流量现值

210. （判断题）在以公允价值为基础计量的非货币性资产交换中，换出资产为投资性房地产的，企业应将换出资产公允价值与账面价值的差额计入投资收益。（ ）

211. （计算分析题）2×23 年甲公司发生的相关交易或事项如下：

资料一：2×23 年 1 月 1 日，甲公司将自有 P 办公楼以经营租赁方式对外出租，将其作为以公允价值模式计量的投资性房地产。2×23 年 12 月 31 日，该投资性房地产的账面价值为 1 000 万元，其中成本为 900 万元，公允价值变动为 100 万元。2×23 年 12 月 31 日，该投资性房地产的公允价值为 1 040 万元。

资料二：2×23 年 12 月 31 日，甲公司以 P 办公楼换入乙公司的 M 专利技术和 N 生产设备，并收到乙公司以银行存款支付的补价 40 万元。甲公司将换入的 M 专利技术和 N 生产设备分别作为无形资产和固定资产核算，该项资产交换具有商业实质且无确凿证据表明换入资产的公允价值更加可靠。

资料三：2×23 年 12 月 31 日，乙公司的 M 专利技术的原价为 350 万元，累计摊销为 100 万元，公允价值为 300 万元。N 生产设备的原价为 1 200 万元，累计折旧为 400 万元，公允价值为 700 万元。

不考虑其他相关税费及其他因素。

要求：（"投资性房地产"科目应写出必要的明细科目）

（1）编制甲公司 2×23 年 12 月 31 日确认 P 办公楼公允价值变动的会计分录。

（2）判断甲公司与乙公司 2×23 年 12 月 31 日进行资产交换是否属于非货币性资产交换，并说明理由。

（3）分别计算甲公司 2×23 年 12 月 31 日换入乙公司 M 专利技术和 N 生产设备的入账金额。

（4）编制甲公司 2×23 年 12 月 31 日换入 M 专利技术和 N 生产设备相关会计分录。

第十六章　债务重组

212. （单选题）债权人在债务重组中受让的对联营企业投资的会计处理正确的是（　　）。
    A. 初始投资成本为放弃债权的账面价值
    B. 初始入账价值为投资日应享有的被投资方可辨认净资产公允价值的份额
    C. 长期股权投资的初始入账价值与账面价值的差额，计入资本公积
    D. 放弃债权的公允价值与账面价值的差额，计入投资收益

213. （单选题）债务重组采用修改其他条款方式进行的，债务人应将终止确认的债务账面价值与重组债务确认金额之间的差额计入（　　）。
    A. 其他收益　　　　　　　　　　　B. 投资收益
    C. 营业外收入　　　　　　　　　　D. 其他综合收益

214. （多选题）下列各项中，属于债务重组方式中修改其他条款的有（　　）。
    A. 调整债务本金　　　　　　　　　B. 改变债务利息
    C. 变更还款期限　　　　　　　　　D. 债务转为权益工具

215. （多选题）债权人接受债务人以下列资产清偿债务的，应将放弃债权的公允价值与账面价值间的差额计入投资收益的有（　　）。
    A. 债权投资　　　　　　　　　　　B. 处置组
    C. 投资性房地产　　　　　　　　　D. 银行存款

216. （判断题）债务人无财务困难，与债权人商定延期支付本息的，债务人应按债务重组核算。（　　）

217. （单选题）2×22年9月11日，甲公司与乙公司签订一份债务重组合同。合同约定，乙公司以一台生产设备偿还6个月前的货款400万元。该生产设备账面原值500万元，累计折旧额为150万元，已计提减值准备70万元。2×22年9月20日，甲公司收到该生产设备，且经管理层决议，该生产设备将于未来3个月内对外出售；当日，该生产设备的公允价值为305万元，预计未来出售时还将发生5

万元的出售费用。甲公司该应收款已计提坏账准备 40 万元，公允价值为 320 万元；乙公司应付款项的账面价值仍为 400 万元。不考虑其他因素，下列说法中正确的是（　　）。

A. 甲公司应将收到的生产设备确认为"固定资产"

B. 甲公司在债务重组中应确认的"投资收益"为 −40 万元

C. 乙公司在债务重组中应确认的"资产处置损益"为 20 万元

D. 债务重组对乙公司 2×22 年 9 月利润表中"营业利润"的影响为 120 万元

218. （单选题）2×22 年 6 月 30 日，乙公司发生严重财务困难，经协商与甲公司达成债务重组协议。协议约定，乙公司以账面价值为 600 万元，公允价值为 800 万元的 A 产品抵偿前欠货款 1 000 万元。甲公司已对该货款计提坏账准备 100 万元，当日该债权的公允价值为 850 万元。A 产品适用的增值税税率为 13%。不考虑其他因素，下列表述中正确的是（　　）。

A. 甲公司该 A 产品的入账价值为 746 万元

B. 甲公司确认债务重组收益 50 万元

C. 乙公司确认收入 800 万元

D. 乙公司确认债务重组收益 400 万元

219. （判断题）债务重组采用组合方式的，放弃债权的公允价值与账面价值间的差额，计入投资收益。（　　）

刷易错

220. （单选题）下列关于债务人债务重组的会计处理表述中，正确的是（　　）。

A. 以债权投资清偿债务的，债务的账面价值与债权投资公允价值的差额，计入投资收益

B. 以固定资产清偿债务的，债务的账面价值与固定资产账面价值的差额，计入资产处置损益

C. 以包含非金融资产的处置组清偿债务的，应将所清偿债务和处置组中负债的账面价值之和与处置组中资产的账面价值差额，计入其他收益

D. 将债务转为权益工具的，应将所清偿债务账面价值与权益工具确认金额之间的差额，计入资本公积

221. （多选题）工业制造企业针对下列各项进行的交易安排中，不属于债务重组的有（　　）。

A. 合同资产　　　　　　　　　B. 合同负债

C. 预计负债　　　　　　　　　D. 租赁应收款和租赁应付款的终止确认

222. （判断题）如果重组债务未来现金流量（包括支付和收取的某些费用）现值与原债务的剩余期间现金流量现值之间的差异超过 10%，则意味着新的合同条款进行

了"实质性修改"或者重组债务是"实质上不同"的，有关现值的计算均采用未来现金流量的利率。（　　）

刷通关

223. （单选题）甲公司与乙公司进行债务重组。乙公司以原材料、交易性金融资产、长期股权投资抵偿债务，公允价值分别为 30 万元、40 万元、45 万元。甲公司应收账款的账面价值为 160 万元，公允价值为 140 万元。甲公司受让各项资产后用途不变。不考虑其他因素，下列关于甲公司会计处理正确的是（　　）。

A. 确认的原材料入账价值为 40 万元

B. 确认的交易性金融资产入账价值为 48.7 万元

C. 应确认投资损失 25 万元

D. 应确认的长期股权投资入账价值为 45 万元

224. （多选题）甲公司应收乙公司货款 1 000 万元，已计提坏账准备 50 万元。2×23 年 3 月 1 日，甲乙双方签订的债务重组协议约定：（1）乙公司以账面价值 480 万元商品抵偿债务 500 万元；（2）乙公司向甲公司增发股票 200 万股，用于抵偿债务 500 万元；（3）前述两项偿债事项互为条件，若其中一项没有完成，则甲公司保留向乙公司收取 1 000 万元现金的权利。2×23 年 3 月 1 日，甲公司债权的公允价值为 940 万元，乙公司股票的公允价值为 2.5 元/股。2×23 年 3 月 15 日，甲公司将收到的商品作为存货管理。2×23 年 5 月 1 日，乙公司办理完成股权增发手续，甲公司将其指定为以公允价值计量且其变动计入其他综合收益的金融资产，当日乙公司股票的公允价值为 2.4 元/股。

不考虑其他因素，下列各项关于甲公司债务重组相关处理的表述中，正确的有（　　）。

A. 2×23 年 3 月 15 日确认存货 440 万元

B. 2×23 年 3 月 15 日确认投资收益 −35 万元

C. 2×23 年 5 月 1 日确认其他权益工具投资 480 万元

D. 2×23 年 5 月 1 日确认投资收益 −30 万元

225. （多选题）2×22 年 1 月 1 日，甲公司以摊余成本计量的"应收账款——乙公司"账户余额为 1 000 万元，已计提坏账准备 200 万元。2×22 年 4 月 1 日，甲公司与乙公司签订债务重组合同。合同约定，乙公司以两项资产清偿债务，包括一项公允价值为 100 万元的其他债权投资和一项公允价值为 600 万元的固定资产。当日，该应收账款的公允价值为 750 万元，双方于当日办理完成相关资产的转让手续。关于甲公司会计处理的表述中，正确的有（　　）。

A. 确认投资收益减少 50 万元　　　　B. 确认其他债权投资增加 100 万元

C. 确认其他收益减少 100 万元　　　　D. 确认固定资产增加 600 万元

226. （判断题）在报告期间已经开始协商，但在报告期资产负债表日后的债务重组，属于资产负债表日后调整事项。（　　　）

227. （综合题）2×21～2×23年，甲公司发生相关业务资料如下：

资料一：2×21年12月25日甲公司自乙企业赊购一台需安装的生产设备，购买价款为1 000万元，设备安装时，领用原材料为10万元，应付职工工资为20万元。

资料二：2×21年12月31日，设备达到预定可使用状态，预计净残值为25万元，预计使用年限为5年，采用年数总和法计提折旧。

资料三：2×22年12月31日，该设备的预计未来现金流量现值为600万元，公允价值减去处置费用后的净额为590万元，设备尚可使用年限为4年，预计净残值为20万元，剩余年限改为年限平均法计提折旧。

资料四：2×23年12月底，甲公司欠丙公司的应付账款余额为980万元，甲公司对其按摊余成本计量。甲公司与丙公司达成协议，用上述设备和一批库存商品偿还债务。该设备当日公允价值为460万元，库存商品成本为480万元，未计提存货跌价准备，当日公允价值为520万元。当日与资产所有权转移的相关手续已办妥，债权债务已结清。

本题不考虑增值税等相关税费及其他因素影响。

要求：

（1）编制2×21年12月25日甲公司购入设备和安装设备的相关会计分录。

（2）计算2×21年12月31日甲公司设备达到预定可使用状态时的入账价值，编制相关会计分录。

（3）判断2×22年12月31日甲公司该项设备是否发生减值，如果发生减值，计算减值金额并编制相关会计分录。

（4）计算2×23年甲公司该项设备应计提折旧的金额，编制相关会计分录。

（5）编制甲公司2×23年12月底用设备和存货抵债的相关会计分录。

第十七章　所得税

刷基础

228.（单选题）下列关于所得税核算的表述中，正确的是（　　）。

A. 我国采用应付税款法核算企业所得税

B. 利润表中的所得税费用是按照税法规定计算的应纳税所得额与适用的所得税税率计算的结果

C. 在企业合并中确认因交易或事项产生的资产、负债时应确认相关的所得税影响

D. 资产和负债的计税基础应按照会计准则的要求进行计算

229.（单选题）2×21年12月，甲公司购入生产设备一台，不含增值税的价值310万元，预计使用年限5年，预计净残值为10万元，采用年数总和法计提折旧。税法规定，类似固定资产采用年限平均法计提的折旧可予税前扣除；甲公司适用的企业所得税税率为25%。不考虑其他因素，甲公司下列会计处理正确的是（　　）。

A. 2×22年12月31日，该生产设备的账面价值为225万元

B. 2×22年12月31日，甲公司该生产设备产生的税会差异类型为应纳税暂时性差异

C. 2×22年12月31日，甲公司递延所得税资产的余额为10万元

D. 2×22年12月31日，甲公司应将固定资产的账面价值调整至税法规定的计税基础

230.（单选题）2×22年1~10月，甲生产制造企业（以下简称"甲企业"）发生专利技术研究开发支出，共计100万元。其中，研究阶段发生支出20万元，开发阶段发生不符合资本化条件的支出20万元。2×22年11月1日，该专利技术达到预定可使用状态，预计使用年限5年，预计净残值为0，采用直线法摊销。税法规定，制造业企业开展研发活动中实际发生的研发费用，未形成无形资产计入当期损益的，在按规定据实扣除的基础上，再按照实际发生额的100%在税前加计扣除；形成无形资产的，按照无形资产成本的200%在税前摊销。不考虑其他因素，甲企业2×22年12月31日该专利技术的计税基础为（　　）万元。

A. 0　　　　　　　　B. 29　　　　　　　　C. 58　　　　　　　　D. 116

231.（多选题）会计准则规定不确认相关的递延所得税资产或递延所得税负债的有（　　）。

A. 商誉的初始确认

  B. 自行研发无形资产的费用化支出

  C. 与子公司、联营企业、合营企业投资等相关的应纳税暂时性差异

  D. 自行研发无形资产的资本化支出

232. （多选题）生产制造企业下列项目中，应确认递延所得税资产的有（ ）。

  A. 账面价值大于其计税基础的自用的生产设备

  B. 计提存货跌价准备的外购生产用原材料

  C. 期末公允价值小于初始投资成本的交易性金融资产

  D. 拟长期持有的长期股权投资，因其联营企业实现净利润增加长期股权投资的账面价值

233. （判断题）因适用税收法规的变化，导致企业在某一会计期间适用的所得税税率发生变化的，企业应当对已确认的递延所得税资产和递延所得税负债进行重新计量。（ ）

刷提高

234. （单选题）2×22 年 12 月，甲公司发生如下业务或事项：（1）收到客户的预付合同款 100 万元，并将其确认为合同负债；（2）按规定应付合理职工薪酬 280 万元；（3）缴纳税收滞纳金 60 万元，支付合同违约金 20 万元。税法规定，会计上未确认收入时，计税时一般不计入应纳税所得额；合理的职工薪酬基本允许税前扣除；违规国家法律、法规规定缴纳的罚款与滞纳金不允许税前扣除。不考虑其他因素，甲公司上述业务的会计处理正确的是（ ）。

  A. 合同负债的计税基础为 0

  B. 应付的合理职工薪酬账面价值为 280 万元

  C. 缴纳的税收滞纳金属于永久性差异，应当既调整财务报表，又调整会计分录

  D. 支付的合同违约金属于永久性差异，只需要调整财务报表

235. （单选题）2×21 年 10 月 18 日，甲公司以银行存款 3 000 万元购入乙公司的股票，分类为以公允价值计量且其变动计入当期损益的金融资产。2×21 年 12 月 31 日该股票投资的公允价值为 3 200 万元，2×22 年 12 月 31 日该股票投资的公允价值为 3 250 万元。甲公司适用的企业所得税税率为 25%。2×22 年 12 月 31 日，该股票投资的计税基础为 3 000 万元。不考虑其他因素，2×22 年 12 月 31 日甲公司对该股票投资公允价值变动应确认递延所得税负债的余额为（ ）万元。

  A. 12.5   B. 62.5   C. 112.5   D. 50

236. （多选题）甲公司于 2×22 年 7 月将一栋自用写字楼转为以公允价值模式计量的投资性房地产。该写字楼账面原值 5 000 万元，预计使用年限 50 年，预计净残值为 0，采用年限平均法计提折旧；至 2×22 年 7 月，已计提折旧 2 050 万元；当日，该写字楼市场价值 3 600 万元。2×22 年 12 月 31 日，该写字楼市场价值

3 750 万元。已知，甲公司适用的企业所得税税率为 25%。不考虑其他因素，甲公司下列会计处理正确的有（　　）。

A. 转换日，确认其他综合收益 650 万元

B. 2×22 年 12 月 31 日，确认公允价值变动损益 150 万元

C. 2×22 年 12 月 31 日，该写字楼的计税基础为 2 950 万元

D. 2×22 年 12 月 31 日，甲公司应确认递延所得税负债 162.5 万元

237.（判断题）适用所得税税率的变化必然导致应纳税暂时性差异或可抵扣暂时性差异在未来期间转回时产生增加或减少应交所得税金额的变化。（　　）

刷易错

238.（多选题）某企业发生的下列业务中，属于因直接计入所有者权益而导致对应所得税与递延所得税计入所有者权益项目的有（　　）。

A. 对会计政策变更采用追溯调整法调整的期初留存收益

B. 对前期差错更正采用追溯重述法调整的期初留存收益

C. 以公允价值计量且其变动计入其他综合收益的金融资产的公允价值变动

D. 采用公允价值模式计量的投资性房地产的公允价值变动

239.（判断题）企业对于所有的应纳税暂时性差异均应确认相关的递延所得税负债。（　　）

240.（判断题）递延所得税负债增加，递延所得税资产减少，所得税费用一定增加。（　　）

刷通关

241.（单选题）甲公司适用的所得税税率为 25%，预计未来期间能够产生足够的应纳税所得额用以抵减可抵扣暂时性差异。2×23 年甲公司实现的利润总额为 1 000 万元，其中国债利息收入 50 万元，罚款支出 60 万元，当年新增一台其初始入账成本与计税基础均为 600 万元的行政管理设备，当期已提折旧 60 万元，税法规定允许抵扣 40 万元。假定税法规定国债利息收入免税，罚款支出不允许税前抵扣。不考虑其他因素，甲公司 2×23 年所得税费用的金额为（　　）万元。

A. 247.5　　　B. 252.5　　　C. 257.5　　　D. 250

242.（多选题）甲公司适用的所得税税率为 25%，因销售产品承诺提供保修服务，2×22 年初"预计负债"科目余额为 0，"递延所得税资产"科目余额为 0。2×22 年计提预计负债 200 万元，2×22 年实际发生保修支出 50 万元。2×23 年实际发生保修支出 80 万元。按照税法规定，与产品售后服务相关的费用在实际发生时允

许税前扣除，假设未来期间能够取得足够的应纳税所得额用以抵减可抵扣暂时性差异。不考虑其他因素，下列关于甲公司会计处理的说法中正确的有（　　）。

A. 2×22 年末形成可抵扣暂时性差异 150 万元

B. 2×22 年末预计负债的计税基础为 150 万元

C. 2×23 年末递延所得税资产的余额为 17.5 万元

D. 2×23 年末递延所得税资产转回 20 万元

243. （判断题）企业计量递延所得税负债时，应以相关应纳税暂时性差异转回期间适用的企业所得税税率为基础计算确定。（　　）

244. （综合题）甲公司适用的所得税税率为 25%，假设未来的可抵扣暂时性差异有足够的所得税可以抵扣，年初的递延所得税资产和递延所得税负债余额为零，2×23 年发生的相关交易或事项如下：

资料一：2 月 10 日，甲公司以 10 元每股的价格购入乙公司 100 万股股票，另支付相关交易费用 20 万元，甲公司将其分类为以公允价值计量且其变动计入当期损益的金融资产，假设税法规定，该金融资产的初始入账金额与计税基础相等。

资料二：5 月 10 日，乙公司作出利润分配计划，宣告每股派发 2 元现金股利。5 月 20 日，甲公司已收到现金股利 200 万元。假设税法规定，在境内设立的企业之间的股息、红利不计入应纳税所得额。

资料三：12 月 31 日，乙公司的股票价格变为 14 元/股。假设税法规定，股票的公允价值变动不计入应纳税所得额。

资料四：12 月 10 日，甲公司收到来自政府补助的一台价值 600 万元的环保设备，甲公司采用总额法核算。甲公司当年未对该环保设备计提折旧。假设税法规定，收到的政府补助应当于收到当年计入应纳税所得额。

资料五：12 月 31 日，甲公司因提供产品质量保证确认销售费用 100 万元。假设税法规定，尚未实际发生的质量保证支出不得计入应纳税所得额，待将来实际发生时计入。

资料六：甲公司 2×23 年实现的利润总额为 4 000 万元。

要求：

（1）编制甲公司 2×23 年 2 月 10 日购入乙公司股票的相关会计分录。

（2）编制甲公司因乙公司宣告发放现金股利和收到现金股利的会计分录。

（3）编制甲公司 2×23 年 12 月 31 日因乙公司股票价格变动和对递延所得税影响的会计分录。

（4）编制甲公司收到政府补助和对递延所得税影响的会计分录。

（5）编制甲公司因确认销售费用和对递延所得税影响的会计分录。

（6）计算甲公司 2×23 年的应交所得税。

第十八章　外币折算

刷基础

245. （单选题）2×22 年 11 月 11 日，甲公司向国外乙公司出口商品一批，货款共计 180 万欧元。当日甲公司收到 120 万欧元货款，并存入银行，剩余货款于 3 个月后收取。但是，由于生产商品所需原材料价值上涨，甲公司决定将 100 万欧元兑换成人民币用于采购原材料。银行当日欧元购入价为 1 欧元 =7.63 人民币元，中间价为 1 欧元 =7.65 人民币元。不考虑增值税等其他因素，甲公司下列会计处理正确的是（　　）。

A. 确认主营业务收入 1 373.4 万人民币元

B. 确认财务费用 2.4 万人民币元

C. 确认应收账款 459 万人民币元

D. 确认银行存款 152.6 万人民币元

246. （多选题）下列关于外币汇兑损益会计处理的表述中，正确的有（　　）。

A. 符合资本化条件的计入工程成本

B. 不符合资本化条件但处于筹建期的计入当期损益

C. 既不符合资本化条件又未处于筹建期的计入当期损益

D. 收到投资者以外币投入资本的计入资本公积

247. （判断题）企业记账本位币发生变更的，应按照变更当日的即期汇率将所有项目变更为记账本位币。（　　）

刷提高

248. （单选题）2×23 年 9 月 10 日，某外商在中国境内投资设立甲公司（其经营采用人民币作为记账本位币）。公司章程规定，由该外商投入 2 000 万美元作为甲公司 100% 的注册资本，当日即期汇率为 1 美元 =6.81 人民币元，约定汇率为 1 美元 =6.85 人民币元。2×23 年 9 月 15 日，甲公司收到全部资本金，当日即期汇率为 1 美元 =6.83 人民币元。2×23 年 9 月 30 日，当日即期汇率为 1 美元 =6.86 人民币元。不考虑其他因素，甲公司 2×23 年 9 月 30 日资产负债表中"实收资本"项目的金额为（　　）万人民币元。

A. 13 620　　　　　B. 13 660　　　　　C. 13 700　　　　　D. 13 720

249. （多选题）甲公司的记账本位币为人民币，其外币交易采用交易日的即期汇率折算，2×22 年 12 月 10 日，甲公司收到外商投入资本 1 000 万欧元并存入银行，当日的即期汇率为 1 欧元 = 8.05 人民币元，其中 8 000 万人民币元作为注册资本。2×22 年 12 月 31 日即期汇率为 1 欧元 = 8.06 人民币元。不考虑其他因素，上述外币业务对甲公司 2×22 年度财务报表项目影响的表述中正确的有（　　　）。

A. 增加财务费用 10 万人民币元　　　B. 增加货币资金 8 060 万人民币元
C. 增加资本公积 50 万人民币元　　　D. 增加实收资本 8 000 万人民币元

250. （判断题）以公允价值计量的外币交易性金融资产，折算的记账本位币金额与原记账本位币之间的差额（不含汇率变动），应计入当期损益。（　　　）

刷易错

251. （单选题）下列各项中，属于外币货币性资产的是（　　　）。

A. 固定资产　　　　　　　　　　B. 长期应收款
C. 长期股权投资　　　　　　　　D. 交易性金融资产

252. （多选题）下列各项关于企业境外经营财务报表折算的会计处理表述中，正确的有（　　　）。

A. 短期借款项目采用资产负债表日的即期汇率折算
B. 未分配利润项目采用发生时的即期汇率折算
C. 实收资本项目采用发生时的即期汇率折算
D. 固定资产项目采用资产负债表日的即期汇率折算

253. （判断题）当企业所处的主要经济环境发生重大变化时，企业应当对记账本位币进行变更。（　　　）

刷通关

254. （单选题）甲公司以人民币为记账本位币。2×22 年 3 月 1 日，甲公司与境外投资者乙公司约定，乙公司分两次投入甲公司合计 3 000 万美元，合同约定的汇率为 1 美元 = 6.85 人民币元，2×22 年 4 月 1 日，收到第一笔投资款 2 000 万美元，当日即期汇率为 1 美元 = 6.91 人民币元，2×22 年 6 月 1 日收到第二笔投资款 1 000 万美元，当日即期汇率为 1 美元 = 6.88 人民币元。2×22 年 12 月 31 日即期汇率为 1 美元 = 6.86 人民币元。不考虑其他因素，甲公司 2×22 年 12 月 31 日资产负债表中与该投资有关的所有者权益的账面金额为（　　　）万人民币元。

A. 20 550　　　　　B. 20 580　　　　　C. 20 685　　　　　D. 20 700

255. （单选题）甲公司以人民币作为记账本位币，乙公司是甲公司境外子公司，以美元作为记账本位币。在编制财务报表时，乙公司的下列报表项目，甲公司应按照资产负债表日即期汇率折算的是（　　）。

A. 营业收入　　　　B. 财务费用　　　　C. 应付债券　　　D. 盈余公积

256. （多选题）甲公司为境内企业，记账本位币为人民币。乙公司是甲公司的境外子公司，记账本位币为美元。丙公司是甲公司的境内子公司，记账本位币为美元。下列关于甲公司的账务处理，正确的有（　　）。

A. 对乙公司、丙公司均按境外经营进行会计处理

B. 境外经营财务报表折算差额中属于子公司少数股东应分担的部分记入"少数股东损益"项目

C. 对丙公司资产负债表的资产项目采用资产负债表日即期汇率折算

D. 对乙公司的利润表中的收入项目采用交易发生日的即期汇率折算

257. （判断题）在购买日以即期汇率折算入账的固定资产，在资产负债表日无须根据汇率变动调整汇率损益。（　　）

258. （计算分析题）甲公司的记账本位币为人民币，在银行开设有美元账户，外币交易采用交易发生日的即期汇率折算。2×22～2×23 年，甲公司发生的相关交易或事项如下：

资料一：2×22 年 1 月 5 日，甲公司以每股 3.1 美元的价格自非关联方购入乙公司 B 股股票 500 万股，甲公司将其指定为以公允价值计量且其变动计入其他综合收益的非交易性权益工具投资，当日即期汇率为 1 美元＝6.52 人民币元。款项以美元存款支付。

资料二：2×22 年 12 月 31 日，甲公司所持乙公司股票的公允价值为 1 510 万美元，当日即期汇率为 1 美元＝6.37 人民币元。

资料三：2×23 年 2 月 1 日，乙公司宣告 2×22 年度 B 股股票利润分配方案，每 10 股分派现金股利 0.8 美元，当日即期汇率为 1 美元＝6.03 人民币元。2×23 年 2 月 15 日，甲公司收到乙公司 40 万美元并存入银行美元户，当日即期汇率为 1 美元＝6.33 人民币元。

资料四：2×23 年 6 月 15 日，甲公司以 1 525 万美元的价格将所持乙公司 B 股股票全部售出，款项已收存银行美元户，当日即期汇率为 1 美元＝6.70 人民币元。本题不考虑其他因素。

要求（"其他权益工具投资"科目应写出必要的明细科目）：

（1）编制甲公司 2×22 年 1 月 5 日购入乙公司 B 股股票的分录。

（2）编制甲公司 2×22 年 12 月 31 日调整其所持乙公司股权投资账面价值的分录。

（3）分别编制甲公司 2×23 年 2 月 1 日乙公司宣告分派现金股利和 2×23 年 2 月 15 日收到现金股利并确认汇兑损益的分录。

（4）编制甲公司 2×23 年 6 月 15 日出售所持乙公司股票的分录。

第十九章　租　赁

259. （单选题）2×18 年 7 月 1 日承租人甲公司与出租人乙公司签订一项设备租赁合同，合同约定租赁期为 3 年，前 3 个月为免租期，同时甲公司可以选择在租赁期结束时以较低的价格购买该台设备。该设备的剩余使用寿命为 5 年。若甲公司可以合理确定将行使购买选择权，则承租人甲公司对该租赁资产确定的折旧期间为（　　　　）。

A. 2×18 年 7 月 1 日 ~ 2×23 年 6 月 30 日

B. 2×18 年 10 月 1 日 ~ 2×23 年 6 月 30 日

C. 2×18 年 7 月 1 日 ~ 2×21 年 6 月 30 日

D. 2×18 年 10 月 1 日 ~ 2×21 年 6 月 30 日

260. （多选题）甲公司与乙铁路运输公司（以下简称"乙公司"）就一节火车车厢的使用权签订一份 5 年期的合同，下列各项中，能够表明该火车车厢属于已识别资产的有（　　　　）。

A. 该车厢是为专用于运输甲公司生产过程中使用的特殊材料而设计，未经重大改造，不适合其他客户使用

B. 合同中没有通过序列号等明确指定车厢，但是乙公司仅拥有一节适合甲公司使用的火车车厢

C. 车厢不能正常工作，甲公司有权依照合同要求乙公司修理或更换车厢

D. 乙公司在火车车厢整个使用期间拥有实质性替换权

261. （多选题）企业应在同时符合相关条件时，将使用已识别资产的权利构成合同中的一项单独租赁，下列各项中，属于相关条件的有（　　　　）。

A. 承租人可从单独使用该资产中获利

B. 承租人可将该资产与易于获得的其他资源一起使用获利

C. 该资产与合同中的其他资产不存在高度依赖关系

D. 该资产与合同中的其他资产不存在高度关联关系

262. （判断题）将两份租赁合同合并成一份租赁合同进行会计处理的，则不需要区分一份合同中的租赁部分与非租赁部分。（　　　　）

刷提高

263. （单选题）2×22 年 1 月 1 日，甲公司与乙公司签订一份为期 5 年的精密仪器租赁合同，专门用于生产 A 产品。合同中关于租赁付款额的条款如下表所示。

当月生产 A 产品的数量（件）	月租金
X≤6 000	15 万元
6 000＜X≤10 000	24 万元
10 000＜X≤13 000	30 万元
X＞13 000	无，但需要支付罚款 50 万元

不考虑其他因素，甲公司上述业务中租赁负债的初始计量金额为（　　）万元。

A. 15　　　　　　　B. 24　　　　　　　C. 30　　　　　　　D. 50

264. （多选题）承租人对使用权资产应当按照成本进行初始计量，其成本的核算范围包括（　　）。

A. 租赁负债的初始计量金额

B. 在租赁期开始日支付的租赁付款额

C. 承租人发生的初始直接费用

D. 承租人复原租赁资产所在场地预计将发生的成本

265. （判断题）承租人预期要把相关资产进行转租赁，则应将原租赁继续按照低价值资产租赁进行简化会计处理。（　　）

刷易错

266. （单选题）2×22 年 1 月 1 日，甲公司与乙公司签订一份厂房租赁合同。合同约定，租赁期限 5 年，租金 300 万元，于每年年初支付；租赁开始日起 3 年内不可撤销，如果撤销，违约方将需要支付 3 倍年租金的违约金；3 年后，甲公司可以选择终止租赁合同，只要乙公司同意且甲公司按年租金的 10% 支付违约金即可；租赁期满，甲公司可继续选择按照租金 300 万元，续租 3 年，如有一方不同意（无须另一方许可），则不再续租，且没有罚款。租赁开始日为 2×22 年 1 月 1 日，甲公司预计将行使续租选择权。不考虑其他因素，上述业务中甲公司的不可撤销租赁期为（　　）。

A. 2×22 年 1 月 1 日～2×26 年 12 月 31 日

B. 2×22 年 1 月 1 日～2×29 年 12 月 31 日

C. 2×22 年 1 月 1 日 ~ 2×24 年 12 月 31 日

D. 2×25 年 1 月 1 日 ~ 2×26 年 12 月 31 日

267. （多选题）下列情形发生时，企业应当修改租赁期的有（　　）。

A. 承租人实际行使了选择权，但该选择权在之前企业确定租赁期时未涵盖

B. 承租人未实际行使选择权，但该选择权在之前企业确定租赁期时已涵盖

C. 某些事件的发生导致根据合同规定承租人有义务行使选择权，但该选择权在之前企业确定租赁期时未涵盖

D. 某些事件的发生导致根据合同规定禁止承租人行使选择权，但该选择权在之前企业确定租赁期时已涵盖

268. （判断题）企业在计算租赁付款额的现值时，既可以使用租赁内含利率，又可以使用承租人的增量借款利率作为折现率。（　　）

刷通关

269. （单选题）2×22 年 7 月 1 日，甲公司与乙公司签订了一项写字楼租赁合同，甲公司将该写字楼以经营租赁方式出租给乙公司。合同约定，租赁期为 2×22 年 7 月 1 日 ~ 2×23 年 6 月 30 日，租赁期前 2 个月免收租金，后 10 个月每月收现租金 15 万元，此外，甲公司承担了本应由乙公司负担的电子灯牌制作安装费 3 万元。甲公司按直线法确认租金收入。不考虑其他因素，甲公司 2×22 年度应确认的租金收入为（　　）万元。

A. 73.5　　　　B. 49　　　　C. 60　　　　D. 75

270. （多选题）下列关于租赁的各交易事项中，需要采用使用权资产和租赁负债核算的有（　　）。

A. 租赁期为 8 个月，租赁设备到期，承租人有优先购买权的不可撤销合同

B. 租赁期为 6 个月，租赁到期，承租人直接购买资产所有权的不可撤销合同

C. 约定不可撤销期间为 5 个月，且承租人拥有 3 个月续租选择权的低价值融入设备安装器

D. 低价值资产租赁

271. （判断题）售后租回交易中的资产转让属于销售的，承租人应按照租赁期开始日尚未支付的租赁付款额的现值加上承租人发生的初始直接费用计量使用权资产。（　　）

272. （计算分析题）甲公司与租赁相关的交易事项如下：

资料一：2×23 年 1 月 1 日，甲公司与乙公司签订了租赁期限为 10 年的写字楼租赁协议，年租金为 200 万元，于每年 1 月 1 日支付，并允许甲公司可以于第五年年末提前终止租赁。

资料二：2×23 年 1 月 1 日，甲公司经评估合理确定将不会行使终止租赁选择权，

并于当日支付首笔租金，同时收到乙公司租金激励 10 万元。甲公司为该租赁合同发生的差旅费 5 万元，支付房产中介佣金 15 万元。假设无法取得租赁内含利率，租赁增量借款利率为 6%。

资料三：甲公司将该写字楼作为行政管理使用该写字楼寿命 30 年。

已知：$(P/A, 6\%, 4) = 3.4651$，$(P/A, 6\%, 9) = 6.8017$。

要求：

（1）确定该租赁的期限，并说明理由。

（2）计算租赁负债的初始入账金额。

（3）计算使用权资产的初始入账价值，并编制相关分录。

（4）确定写字楼的折旧年限，并说明理由；计算 2×23 年该写字楼应计提的折旧额，并编制相关分录。

（5）计算甲公司 2×23 年应确认的租赁负债利息费用，并编制相关会计分录。

第二十章 持有待售的非流动资产、处置组和终止经营

刷基础

273. （单选题）甲企业发生的下列交易中，应将资产划分为持有待售资产的是（   ）。
    A. 甲企业与乙企业签订合同转让炼钢设备与厂房，由于不知道环境污染情况，甲企业预计一年半能够成功整治
    B. 甲企业管理层决定出售的一项土地使用权
    C. 甲企业签订的可撤销销售协议，约定未来 6 个月内向丙企业出售一栋办公楼
    D. 甲企业口头承诺于 8 个月后向丁企业转让一项生产用无形资产

274. （多选题）下列各项中，属于企业将持有资产划分为流动资产的条件有（   ）。
    A. 预计在一个正常营业周期中耗用
    B. 主要为交易目的而持有
    C. 预计在资产负债表日起一年内变现
    D. 自资产负债表日起一年内，清偿负债的能力不受限制的非流动资产

275. （判断题）企业在资产负债表日重新计量持有待售的非流动资产时，因账面价值高于其公允价值减去出售费用后的净额而确认的资产减值损失，应在利润表中作为持续经营损益列报。（   ）

刷提高

276. （单选题）2×21 年 12 月 31 日，甲公司与乙公司签订一份转让协议，协议约定，甲公司拟在未来 6 个月内向乙公司转让一台管理用设备。该设备账面原值 60 万元，累计折旧 24 万元（每月计提折旧 1 万元）。当日，经减值测试，该设备的可回收金额为 30 万元。2×22 年 6 月 30 日，该设备的公允价值减去处置费用后的净额为 35 万元。不考虑其他因素，甲公司下列会计处理正确的是（   ）。
    A. 2×21 年 12 月 31 日，利润表中"利润总额"项目减少 6 万元
    B. 2×21 年 12 月 31 日，资产负债表中"一年到期的非流动资产"项目增加 30 万元
    C. 2×22 年 1 月 31 日，甲公司不计提折旧
    D. 2×22 年 6 月 30 日，"资产减值损失"转回 5 万元

277. （多选题）2×20 年 12 月 31 日，甲公司以 4 800 万元取得一栋写字楼并立即投入使用，预计使用年限为 10 年，预计净残值为 0，采用年限平均法计提折旧。2×21 年 6 月 30 日，甲公司与乙公司签订协议，约定 3 个月内以 4 600 万元的价格将该写字楼出售给乙公司，当日该写字楼符合划分为持有待售类别的条件。2×21 年 10 月 1 日，因乙公司受疫情影响出现财务困难，双方协商解除该协议。甲公司继续积极寻求购买方，2×21 年 12 月 31 日，甲公司与丙公司签订协议，约定 3 个月内以 4 500 万元的价格将该写字楼出售，不考虑其他因素，下列各项关于甲公司会计处理的表述中，正确的有（　　）。

A. 2×21 年度，计提持有待售资产折旧 480 万元

B. 2×21 年 6 月 30 日，确认持有待售资产初始入账金额 4 560 万元

C. 2×21 年 12 月 31 日，计提持有待售资产减值准备 60 万元

D. 2×21 年 6 月 30 日，确认资产处置损益 40 万元

278. （判断题）某国内连锁快餐企业决定转让其在 A 市的一家零售门店，并与其他企业签订了转让协议，且该转让符合划分为持有待售类别的条件，则该企业关闭该零售门店不构成终止经营。（　　）

刷易错

279. （单选题）F 企业集团拟出售持有的部分长期股权投资，相关资料如下表所示。

被投资方	持股比例	出售比例	剩余持股比例的影响
甲公司	100%	30%	控制
乙公司	70%	25%	共同控制
丙公司	40%	20%	重大影响
丁公司	20%	15%	不具有共同控制或重大影响

不考虑其他因素，F 集团的下列会计处理中，正确的是（　　）。

A. F 集团应当将甲公司出售部分的长期股权投资划分为持有待售资产

B. F 集团合并报表中应当将乙公司全部股权对应的长期股权投资划分为持有待售资产，并在合并报表中将乙公司所有资产和负债按抵销后的净额列报

C. F 集团母公司个别报表中，应当将丙公司出售部分的长期股权投资划分为持有待售资产

D. F 集团母公司个别报表中，应当将丁公司出售部分的长期股权投资划分为持有待售资产，且剩余 5% 的股权在 15% 的股权处置前，应继续按照权益法进行会计处理

280. （多选题）企业持有的下列能够单独区分的，且已经处置或划分为持有待售类别的组成部分，属于终止经营的有（　　　）。

A. 该组成部分代表一项独立的主要业务

B. 该组成部分是拟对一个单独的主要经营地区进行处置的一项相关联计划的组成部分

C. 该组成部分是专为转售而取得的子公司

D. 该组成部分具有重要的战略意义

281. （判断题）企业对持有待售资产计提的减值准备在以后期间不允许转回。（　　　）

刷通关

282. （单选题）2×23年3月1日，甲公司购入非关联方乙公司的全部股权，支付购买价款2 000万元。购入该股权之前，甲公司的管理层已经作出决议，一旦购入乙公司，将在一年内将其出售给丙公司，乙公司在当前状况下即可立即出售。甲公司与丙公司计划于2×23年3月31日签署股权转让合同。2×23年3月1日，公允价值减去出售费用后的净额为1 990万元。2×23年3月31日，公允价值减去出售费用后的净额为2 005万元。不考虑其他因素，2×23年甲公司对购买该股权的会计处理表述中，正确的是（　　　）。

A. 3月1日确认持有待售资产1 990万元

B. 3月1日确认长期股权投资2 000万元

C. 3月1日确认管理费用10万元

D. 3月31日，冲减持有待售资产减值准备15万元

283. （多选题）2×23年11月30日，甲公司与乙公司签订一项合同，约定将一项原值为600万元、已计提折旧385万元的固定资产，在6个月内以200万元的价格出售给乙公司，预计法律服务费为10万元。甲公司对该固定资产每月计提折旧5万元。不考虑其他因素，下列关于甲公司2×23年会计处理的说法中正确的有（　　　）。

A. 2×23年末资产负债表中持有待售资产的列报金额为190万元

B. 2×23年全年计提折旧额55万元

C. 需要计提减值25万元

D. 在资产负债表中应列为一年内到期的非流动资产

284. （判断题）持有待售的非流动资产或处置组在终止确认时，应将尚未确认的利得或损失转入其他综合收益。（　　　）

285. （综合题）A企业拥有一家门店，2×22年发生如下经济业务：

（1）6月15日，该门店的部分科目余额表如下表所示。

单位：元

科目名称	借方余额	科目名称	贷方余额
库存现金	310 000	坏账准备	10 000
应收账款	270 000	存货跌价准备	100 000
库存商品	300 000	累计折旧	30 000
其他债权投资	380 000	固定资产减值准备	15 000
固定资产	1 100 000	累计摊销	14 000
无形资产	950 000	无形资产减值准备	5 000
商誉	200 000	应付账款	310 000
		其他应付款	560 000
		预计负债	250 000

当日，A 企业与 B 企业签订转让协议，将该门店资产和相关负债整体转让，但保留员工，假设该处置组不构成一项业务，转让初定价格为 1 900 000 元。转让协议同时约定，对于门店 2×22 年 6 月 10 日购买的一项分类为以公允价值计量且其变动计入其他综合收益的其他债权投资（其购入成本为 380 000 元）转让价格以转让完成当日市场报价为准。假设该门店满足划分为持有待售类别的条件，但不符合终止经营的定义。

截至 2×22 年 6 月 15 日，固定资产还应当计提折旧 5 000 元，无形资产还应当计提摊销 1 000 元，固定资产和无形资产均用于管理用途。2×22 年 6 月 15 日，其他债权投资公允价值降至 360 000 元，固定资产可收回金额降至 1 020 000 元，其他资产、负债价值没有发生变化。2×22 年 6 月 15 日，该门店的公允价值为 1 900 000 元，A 企业预计为转让门店还需支付律师和注册会计师专业咨询费共计 70 000 元。假设 A 企业不存在其他持有待售的非流动资产或处置组，不考虑税收影响。

（2）2×22 年 6 月 30 日，该门店尚未完成转让，A 企业作为其他债权投资核算的债券投资市场报价上升至 370 000 元，假设其他资产、负债价值没有变化。B 企业在对门店进行检查时发现一些资产轻微破损，A 企业同意修理，预计修理费用为 5 000 元，A 企业还将律师和注册会计师咨询费预计金额调整至 40 000 元。当日，门店处置组整体的公允价值为 1 910 000 元。

（3）2×22 年 9 月 1 日，A 企业收到 B 企业以银行存款支付的部分价款 1 000 000 元。2×22 年 9 月 19 日，该门店完成转让，A 企业以银行存款分别支付维修费用 5 000 元和律师、注册会计师专业咨询费 37 000 元。当日，A 企业作为其他债权投资核算的债券投资市场报价 374 000 元，B 企业以银行存款支付剩余转让价款 914 000 元。

不考虑其他因素。

要求:

(1) 根据资料 (1),编制 A 企业首次将该处置组划分为持有待售类别前的会计分录。

(2) 根据资料 (1),计算 A 企业将该处置组划分为持有待售类别时应计提的减值准备总额以及各项资产应分摊的减值准备金额,并编制 A 企业将该处置组划分为持有待售类别时的会计分录。

(3) 根据资料 (2),编制 A 企业 2×22 年 6 月 30 日其他债权投资的相关会计分录。

(4) 根据资料 (2),判断 A 企业该处置组于 2×22 年 6 月 30 日是否需要计提减值准备,若需要,请计算应计提的减值金额;若不需要,则判断是否需要转回,并计算处置组中各项目减值的转回金额,同时编制相关会计分录。(小数点后取整)

(5) 根据资料 (3),编制 A 企业转让该处置组的相关会计分录。

第二十一章　企业合并与合并财务报表

刷基础

286.（单选题）关于非同一控制下吸收合并的会计处理中，正确的是（　　）。

A. 作为合并对价的有关非货币性资产按非货币性资产交换进行处理

B. 合并中取得的可辨认资产和负债应作为合并报表中的项目列示

C. 合并中产生的商誉应作为购买方个别财务报表中的资产列示

D. 购买方在购买日应当将合并中取得的符合确认条件的各项资产按账面价值确认为本企业的资产

287.（单选题）甲公司拥有对四家公司的控制权，其下属子公司的会计政策和会计估计均符合会计准则规定，不考虑其他因素，甲公司在编制 2×22 年合并财务报表时，对其子公司进行的下述调整中，正确的是（　　）。

A. 将子公司（乙公司）1 年以内应收账款坏账准备的计提比例由 3% 调整为与甲公司相同的计提比例 5%

B. 对 2×22 年通过同一控制下企业合并取得的子公司（丁公司），将其固定资产、无形资产的折旧和摊销年限按照与甲公司相同的期限进行调整

C. 将子公司（丙公司）投资性房地产的后续计量模式由成本模式调整为与甲公司相同的公允价值模式

D. 将子公司（戊公司）闲置不用但没有明确处置计划的机器设备由固定资产调整为持有待售非流动资产并相应调整后续计量模式

288.（单选题）甲公司为乙公司的母公司。2×22 年 1 月 1 日，甲公司对乙公司的应收账款余额为 500 万元；当年甲公司向乙公司赊销货物 300 万元，收回上年度销售给乙公司的货款 200 万元。甲公司计提坏账准备的比例为 5%，适用的所得税税率为 25%。不考虑其他因素，抵销内部应收款项对甲公司 2×22 年合并财务报表中净利润的影响为（　　）万元。

A. 22.5　　　　　　B. 5　　　　　　C. 3.75　　　　　　D. 0

289.（单选题）甲公司取得乙公司 60% 股份，可以对其实施控制，甲公司当年收到乙公司发放的现金股利 48 万元，甲公司个别现金流量表中"取得投资收益收到的现金"项目为 300 万元，乙公司个别现金流量表中"取得投资收益收到的现金"项目为 90 万元。不考虑其他因素，当年甲公司合并现金流量表中"取得投资收益收到的现金"项目列示的金额为（　　）万元。

A. 342   B. 354   C. 306   D. 356

290. （多选题）甲、乙公司同为丙公司的子公司，甲公司以发行股份的方式吸收合并乙公司。下列各项关于甲公司会计处理的表述中，正确的有（　　）。

A. 甲公司取得的乙公司各项资产、负债应当按照合并日的公允价值计量

B. 甲公司支付的股票发行佣金计入财务费用

C. 甲公司发生的与合并相关的法律咨询费计入管理费用

D. 甲公司确认的乙公司净资产的账面价值与发行股份面值总额的差额计入所有者权益

291. （判断题）同受国家控制的企业之间发生的合并，也属于同一控制下企业合并。（　　）

292. （判断题）项目单独列报的原则仅适用于报表，不适用于附注。（　　）

刷提高

293. （单选题）2×21年12月31日，甲公司与母公司签订一份股权收购合同。合同约定，甲公司向母公司定向增发2 500万股普通股，每股面值1元，每股市场价值4元，取得母公司持有的乙公司100%的股权；合并后，乙公司仍维持其独立法人资格继续经营；若乙公司2×22年实现净利润超过1 500万元，甲公司还需另向乙公司支付500万元。合并日，乙公司个别报表中净资产的账面价值为9 500万元，母公司合并财务报表中净资产的账面价值为11 600万元。2×22年乙公司实现净利润1 800万元。不考虑其他因素，下列会计处理正确的是（　　）。

A. 2×21年12月31日，借记"长期股权投资"科目11 600万元

B. 2×21年12月31日，贷记"资本公积"科目9 100万元

C. 2×22年12月31日，借记"其他应付款"科目500万元

D. 2×22年12月31日，贷记"资本公积——其他资本公积"科目500万元

294. （单选题）2×23年9月1日，甲公司通过定向增发普通股2 000万股（每股面值1元，每股公允价值4元），从乙公司原股东处取得乙公司80%的股权，并于当日能够对乙公司实施控制。另以银行存款支付咨询费500万元。双方约定，如果乙公司未来3年平均净利润增长率能够超过10%，甲公司需另向乙公司原股东支付100万元的合并对价；当日，甲公司预计乙公司未来3年净利润平均增长率能够达到10%。此前，两公司之间不存在关联关系。不考虑其他因素，甲公司该企业合并的合并成本为（　　）万元。

A. 8 000   B. 8 100   C. 8 500   D. 8 600

295. （单选题）2×22年9月10日，甲公司向其控制的全资子公司乙公司出售自用的生产设备一台，该设备账面价值450万元，售价610万元。乙公司另以银行存款支付运杂费20万元，当日达到预定可使用状态，该设备剩余使用年限10年，净

残值为 0，采用直线法计提折旧。当年，乙公司用该设备生产的商品均未对外销售。不考虑其他因素，甲公司上述业务在 2×22 年末编制合并财务报表时的合并抵销分录正确的是（ ）。

A. 借：固定资产——原价   160

    贷：资产处置收益   160

B. 借：资产处置收益   180

    贷：固定资产——原价   180

C. 借：固定资产——累计折旧   4

    贷：存货   4

D. 借：制造费用   4

    贷：固定资产——累计折旧   4

【拓展】若将上述资料中的"当年，乙公司用该设备生产的商品均未对外销售"改为"当年，乙公司用该设备生产的商品对外销售 60%"，请编制相关合并抵销分录。

296. （多选题）下列各项中，应在母公司编制合并所有者权益变动表中抵销的有（ ）。

A. 母公司对子公司的长期股权投资与母公司在子公司所有者权益中享有的份额

B. 子公司相互之间持有对方长期股权投资的投资收益

C. 子公司相互之间发生的其他内部交易对所有者权益变动的影响

D. 母公司与少数股东权益

刷易错

297. （单选题）2×22 年 1 月 1 日，甲公司以银行存款 5 000 万元从母公司处取得乙公司 80% 的股权（能够对乙公司实施控制），母公司合并财务报表中乙公司净资产的账面价值为 7 500 万元。2×22 年 8 月 16 日，甲公司向乙公司销售一台生产设备，该设备账面价值 450 万元，市场价值 600 万元，剩余使用年限为 5 年，净残值为 0，乙公司采用年限平均法计提折旧。2×22 年乙公司实现净利润 1 500 万元。2×22 年未发生其他内部交易，不考虑其他因素，2×22 年末合并财务报表中应抵销的长期股权投资金额为（ ）万元。

A. 5 000   B. 7 500   C. 7 200   D. 7 088

298. （判断题）以发行债券方式进行的同一控制下企业合并中，与发行债券相关的佣金、手续费等与筹集用于企业合并的对价直接相关，应计入长期股权投资的投资成本中。（ ）

299. （判断题）母公司在编制合并资产负债表时，应将子公司持有母公司的长期股权投资视为企业集团的库存股。（ ）

刷通关

300. （单选题）甲公司适用的企业所得税税率为25%，按净利润的10%提取法定盈余公积。2×22年1月1日，甲公司以一项土地使用权和其他权益工具投资取得乙公司80%的股权，并能够对乙公司实施控制。当日，该土地使用权账面价值5 000万元，已计提摊销3 000万元，市场价值6 500万元；其他权益工具投资账面价值3 000万元，公允价值变动600万元，市场价值3 100万元。当日，乙公司可辨认净资产账面价值10 000万元，公允价值11 000万元，差额由一项固定资产评估增值所致，该固定资产账面价值2 600万元，公允价值3 600万元。另以银行存款支付资产评估费100万元。该交易前，甲公司与乙公司之间不具有关联关系。不考虑其他因素，甲公司下列会计处理正确的是（   ）。

A. 长期股权投资的初始入账价值为8 800万元

B. 支付的资产评估费100万元，应记入"资本公积"科目

C. 确认合并中形成的商誉1 000万元

D. 该交易对甲公司个别报表中营业利润的影响为2 200万元

301. （单选题）关于非同一控制下企业合并发生的下列支出中，能够影响当期损益的是（   ）。

A. 支付的其他权益工具投资的公允价值与账面价值的差额

B. 以库存商品作为对价应负担的增值税

C. 向证券承销商支付的证券承销费用

D. 为进行企业合并所支付的审计费用

302. （单选题）甲公司是乙公司的母公司，2×22年10月1日，乙公司将一批成本为200万元的库存商品以300万元的价格出售给甲公司，甲公司当年对外售出该库存商品的40%。2×22年12月31日，甲、乙公司个别资产负债表中存货项目的列报金额分别为2 000万元、1 000万元。不考虑其他因素，2×22年12月31日，甲公司合并资产负债表中存货项目的列报金额为（   ）万元。

A. 2 900   B. 3 000   C. 2 960   D. 2 940

303. （单选题）甲公司是乙公司的母公司，持有乙公司80%有表决权的股份。合并日，乙公司各项可辨认资产、负债的账面价值与公允价值均相等。2×21年12月31日，甲公司合并资产负债表中少数股东权益项目的金额为1 050万元，2×22年乙公司发生净亏损6 500万元，其他综合收益增加1 000万元，不存在需调整的内部交易未实现损益。不考虑其他因素，2×22年12月31日，甲公司合并资产负债表中少数股东权益项目列报的金额为（   ）万元。

A. 0   B. −50   C. −450   D. −250

304. （多选题）下列关于母公司取得对子公司的控制权，形成企业合并后，再从少数股东处购买全部或部分权益的表述中，正确的有（   ）。

A. 该业务实质上是股东间的权益性交易

B. 母公司个别报表作为不形成控股合并的长期股权投资，并确定其入账价值

C. 合并报表中，子公司的资产应以购买日持续计算的金额反映

D. 新取得长期股权投资的初始入账价值高于初始投资成本的差额，应计入营业外收入

305. （多选题）甲公司投资乙公司，取得乙公司 80% 的有表决权的股份，甲公司为母公司，乙公司为子公司。不考虑其他因素，下列各项中影响少数股东权益的有（   ）。

A. 甲公司将成本 50 万元的存货以 80 万元的价格出售给乙公司，至年末乙公司尚未对外出售

B. 甲公司对应收乙公司账款计提 20 万元的信用减值损失

C. 乙公司将 40 万元的存货出售给甲公司，当年甲公司已对外出售了 60%

D. 乙公司将账面价值为 200 万元的固定资产以 300 万元的价格出售给甲公司，甲公司作为管理用固定资产核算

306. （判断题）合并报表编制过程中，调整子公司的利润时，应当考虑内部交易影响。（   ）

307. （判断题）母公司在报告期内处置子公司时，该子公司从期初到处置日的收入和费用不应纳入母公司的合并利润表。（   ）

308. （判断题）子公司少数股东以货币资金对子公司增加权益性投资，母公司在合并现金流量表中应将该现金流入分类为投资性活动产生的现金流量。（   ）

309. （综合题）2×22 年甲公司发生与股权交易有关的业务如下：

（1）2×22 年 6 月 17 日，甲公司向 A 公司的股东定向增发 2 500 万股普通股（每股面值 1 元，每股市场价值 4 元），取得 A 公司的全部股权。合并后，A 公司的独立法人资格取消，且相关资产、负债并入甲公司的财务报表中。当日，A 公司有关资产、负债情况如下表所示。

单位：万元

项目	账面价值	公允价值
交易性金融资产	1 000	1 200
库存商品	2 500	3 000
固定资产	6 000	6 800
长期借款	2 000	2 000
净资产	7 500	9 000

（2）9 月 1 日，甲公司与 B 公司的股东签订协议。以银行存款 10 000 万元取得 B 公司 50% 股权。收购完成后，B 公司董事会进行重组，7 名董事中 5 名由甲公司委

派；B 公司所有生产经营和财务管理重大决策须由半数以上董事表决通过。当日，B 公司的净资产账面价值为 14 000 万元，可辨认净资产公允价值为 16 000 万元。

9 月 11 日，甲公司向 B 公司股东支付 10 000 万元，并于当日办理完股权转让手续且拥有实质控制权。当日，B 公司的净资产账面价值为 15 000 万元，可辨认净资产公允价值为 17 000 万元。此外，甲公司为本次收购发生审计、法律服务、咨询费用等 1 000 万元。

9 月 30 日，甲公司又以公允价值为 3 500 万元，账面价值为 2 700 万元（账面原值 3 000 万元，累计摊销 300 万元）的固定资产作为对价，从 B 公司的少数股东处购入 B 公司 10% 的股权。当日，B 公司自购买日持续计算的可辨认净资产为 18 000 万元。

已知：交易前，甲公司与 A 公司、B 公司之间不存在任何关联关系；不考虑所得税等其他因素。

要求：

（1）根据资料（1），判断甲公司合并 A 公司股权的类型，且简要说明理由，同时计算合并产生的商誉，并编制相关会计分录。

（2）根据资料（2），指出甲公司购入 A 公司股份是否属于企业合并，并简要说明理由；如果属于企业合并，指出属于同一控制下的企业合并还是非同一控制下的企业合并，并简要说明理由，同时指出购买日。

（3）根据资料（2），计算甲公司在购买日应确定的长期股权投资金额，简要说明支付的价款与长期股权投资金额之间差额的会计处理方法；简要说明甲公司支付的审计、法律服务、咨询等费用的会计处理方法。

（4）根据资料（2），计算甲公司自 B 公司少数股东处购入 B 公司 10% 股权的入账价值，并编制甲公司个别报表中的会计分录，以及说明甲公司合并报表中会计处理方法。

310.（综合题）2×22 ~ 2×23 年，甲公司发生与股权投资相关的交易或事项如下：

资料一：2×22 年 1 月 1 日，甲公司以银行存款 672 万元从非关联方购入乙公司 60% 有表决权股份，取得对乙公司的控制权。当日，乙公司可辨认净资产账面价值为 1 030 万元（股本 600 万元，资本公积 125 万元，其他综合收益 20 万元，盈余公积 150 万元，未分配利润 135 万元），除一项 Q 存货公允价值大于账面价值 25 万元以外，其他可辨认资产和负债的账面价值与公允价值相等。本次投资前，甲公司不持有乙公司股份且与乙公司不存在关联方关系。甲公司与乙公司的会计政策、会计期间均相同。

资料二：2×22 年乙公司实现净利润 390 万元，提取盈余公积 39 万元，宣告和实际分派现金股利 150 万元。Q 存货对外出售 80%。

资料三：2×22 年末，甲公司应收乙公司内部应收账款 580 万元，是甲公司与乙公司销售产品的销售款，计提坏账准备 30 万元。

资料四：2×23 年末甲公司应收乙公司内部应收账款 570 万元，是甲公司与乙公司销售产品的销售款，坏账准备余额为 45 万元。

本题不考虑增值税、企业所得税等相关税费及其他因素。

要求：

（1）计算甲公司 2×22 年 1 月 1 日购买乙公司股权编制合并资产负债表时确认的合并商誉和少数股东权益的金额。

（2）编制甲公司 2×22 年在乙公司宣告和实际分派现金股利时的相关会计分录。

（3）编制甲公司 2×22 年 12 月 31 日编制合并资产负债表和合并利润表时相关的调整分录。

（4）编制甲公司 2×22 年 12 月 31 日编制合并财务报表时与内部债权债务相关的抵销分录。

（5）编制甲公司 2×22 年 12 月 31 日编制合并财务报表时长期股权投资与子公司所有者权益的抵销分录。

（6）编制甲公司 2×22 年 12 月 31 日编制合并财务报表时内部确认投资收益与子公司利润分配的抵销分录。

（7）编制甲公司 2×23 年 12 月 31 日编制合并财务报表时与内部债权债务相关的抵销分录。

第二十二章　会计政策、会计估计变更和差错更正

311. （单选题）下列各项中，属于企业会计估计变更的是（　　）。

A. 将投资性房地产后续计量方法由成本模式变更为公允价值模式

B. 因追加投资将长期股权投资的核算方法由权益法转为成本法

C. 无形资产的预计使用年限由 6 年变更为 4 年

D. 把发出存货的计价方法由先进先出法变更为移动加权平均法

312. （多选题）下列情形中，属于企业可以变更会计政策的有（　　）。

A. 法律要求变更

B. 会计政策的变更能提供更可靠、更相关的会计信息

C. 本期发生的交易与以前相比具有本质差别而采用新会计政策

D. 对不重要的交易采用新的会计政策

313. （单选题）2×23 年 7 月，甲公司根据 2×23 年第二季度统计出的售出 M 产品的保修费用占销售收入的比重数据，将 M 产品的保修费率由 5% 调整为 3%。不考虑其他因素，下列关于甲公司调整 M 产品保修费率的会计处理中，正确的是（　　）。

A. 应将对 M 产品保修费率的调整作为会计政策变更进行追溯调整

B. 对 M 产品保修费率的调整作为会计估计变更，并从 2×23 年 1 月 1 日开始采用未来适用法

C. 2×23 年 8 月甲公司按照新的会计估计 3% 对 M 产品预计保修费不属于会计估计变更

D. 2×23 年 1 月至 6 月计提的保修费作为前期重大差错进行追溯重述

314. （多选题）下列关于会计政策、会计估计及其变更的表述中，正确的有（　　）。

A. 会计政策是企业在会计确认、计量和报告中所采用的原则、基础和会计处理方法

B. 会计估计以最近可利用的信息或资料为基础，不会削弱会计确认和计量的可靠性

C. 企业应当在会计准则允许的范围内选择适合本企业情况的会计政策，但一经确定，不得随意变更

D. 按照会计政策变更和会计估计变更划分原则难以对某项变更进行区分的，应将该变更作为会计政策变更处理

315. （判断题）企业某项专利权的摊销年限原定为 15 年，后因获得了国家专利保护，该专利权的受益年限变为 10 年，则该企业应将摊销年限由 15 年调减至 10 年，并采用未来适用法进行会计处理。（　　）

刷易错

316. （单选题）2×20 年 12 月 28 日，某企业购入的需安装的环保设备达到预定可使用状态，该设备价值 1 510 万元，预计可使用年限为 5 年，预计净残值为 10 万元，采用年限平均法计提折旧。税法规定，该设备的使用年限和预计净残值与企业相同，采用年数总和法计提折旧。2×23 年 1 月，该企业由小企业会计准则改为企业会计准则核算，将所得税核算方法由应付税款法变更为资产负债表债务法。该企业适用的企业所得税税率为 25%。不考虑其他因素，则该企业 2×23 年初会计政策变更的累积影响数为（　　）万元。

A. 300　　　　　　B. 75　　　　　　C. 0　　　　　　D. −75

317. （多选题）某企业对于发现的前期会计差错，可以采用的会计处理方法有（　　）。

A. 追溯调整法　　　　　　　　B. 追溯重述法

C. 视同本期差错更正法　　　　D. 未来适用法

318. （判断题）在当期期初确定会计政策变更对以前各期累积影响数不切实可行的，应当采用未来适用法处理。（　　）

刷通关

319. （单选题）甲公司适用的所得税税率为 25%，2×23 年度所得税汇算清缴于 2×24 年 5 月 15 日完成。2×22 年 12 月 31 日，甲公司与承租方乙公司签订写字楼租赁合同。租赁期限为 2×23 年 1 月 1 日至 2×24 年 12 月 31 日，月租金 10 万元，并于每月月末支付。2×24 年 4 月 10 日，甲公司发现 2×23 年度租金收入漏计，甲公司将该重要差错采用追溯重述法进行差错更正。该差错更正对 2×24 年初留存收益产生的影响为（　　）万元。

A. 90　　　　　　B. 120　　　　　　C. −90　　　　　　D. −120

320. （多选题）2×23 年 12 月 31 日，甲公司发现 2×21 年 12 月收到投资者投入的一

项行政管理用固定资产尚未入账，投资合同约定该固定资产价值为 1 000 万元（与公允价值相同）。预计使用年限为 5 年，预计净残值为 0，采用年限平均法计提折旧。甲公司将漏记该固定资产事项认定为重要的前期差错。甲公司按照净利润的 10% 计提盈余公积。不考虑其他因素，下列关于该项会计差错更正的会计处理表述中，正确的有（　　　）。

A. 增加 2×23 年度管理费用 200 万元　　B. 增加固定资产 1 000 万元

C. 增加累计折旧 400 万元　　D. 减少 2×23 年初留存收益 200 万元

321. （判断题）前期差错会影响财务报表使用者对企业财务状况作出正确判断。（　　　）

第二十三章 资产负债表日后事项

刷基础

322. （单选题）关于资产负债表日后事项的下列说法中，正确的是（　　）。
    A. 资产负债表日后事项是资产负债表日至财务报告报出日之间的有利事项或不利事项
    B. 中期资产负债表日是指每年 6 月 30 日
    C. 若属于调整事项，则有利事项与不利事项均应进行会计处理
    D. 资产负债表日后事项是在这个特定期间内发生的全部事项

323. （多选题）某公司在资产负债表日至财务报告批准报出日之间所发生的下列事项中，属于资产负债表日后调整事项的有（　　）。
    A. 报告年度按照暂估价值入账的固定资产办理竣工决算手续的
    B. 本年度销售的商品因质量瑕疵而被要求给予的销售折让
    C. 收到的税务机关退回上年度减免的企业所得税税款
    D. 持有的交易性金融资产发生大幅升值

324. （判断题）资产负债表日后事项如涉及现金收支项目，应当调整报告年度资产负债表的货币资金项目和现金流量表各项目数字。（　　）

刷提高

325. （单选题）下列关于资产负债报表日后事项的表述中，不正确的是（　　）。
    A. 调整事项是对报告年度资产负债表日已经存在的情况提供了新的或进一步证据的事项
    B. 调整事项均应通过"以前年度损益调整"科目进行账务处理
    C. 非调整事项是报告年度资产负债表日及其之前其状况不存在的事项
    D. 重要的非调整事项只需在报告年度财务报表附注中披露

326. （多选题）2×22 年 11 月 30 日，甲公司因部分产品质量瑕疵被乙公司向法院起诉。甲公司预计败诉的概率为 90%，需向乙公司支付赔偿金 30 万元。2×23 年 2 月 20 日，法院判决乙公司胜诉，并要求甲公司于 1 个月内向其支付赔偿金 50 万元。至 2×23 年 2 月 28 日，甲公司尚未支付该笔款项。不考虑其他因素，下列说

法正确的有（　　　）。

A. 2×22 年 11 月 30 日，甲公司应确认"预计负债"30 万元

B. 2×22 年 12 月 31 日，甲公司无须在附注中披露该事项

C. 2×23 年 2 月 20 日，甲公司应调整期初留存收益 20 万元

D. 2×23 年 2 月 28 日，甲公司资产负债表中"其他应付款"项目增加 50 万元

327.（判断题）资产负债表以前期间所售商品在资产负债表日后退回的，应作为资产负债表日后调整事项处理。（　　　）

刷易错

328.（单选题）某上市公司 2×22 年的年度财务报告于 2×23 年 3 月 15 日编制完成，注册会计师完成年度财务报表审计工作并签署审计报告的日期为 2×23 年 4 月 10 日，董事会批准财务报告对外公布的日期为 2×23 年 4 月 12 日，财务报告实际对外公布的日期为 2×23 年 4 月 30 日，股东大会召开日期为 2×23 年 5 月 6 日。不考虑其他因素，该公司资产负债表日后事项的涵盖期间为（　　　）。

A. 2×23 年 1 月 1 日至 2×23 年 4 月 30 日

B. 2×23 年 1 月 1 日至 2×23 年 4 月 12 日

C. 2×22 年 12 月 31 日至 2×23 年 4 月 10 日

D. 2×22 年 12 月 31 日至 2×23 年 5 月 6 日

329.（多选题）企业在资产负债表日后至财务报告批准报出日之间发生的调整事项，除应作出相关账务处理外，还需要调整的财务报表有（　　　）。

A. 资产负债表　　　　　　　　B. 利润表

C. 现金流量表附表　　　　　　D. 所有者权益变动表

330.（判断题）资产负债表日后，企业利润分配方案中拟分配的以及经审议批准宣告发放的股利，应作为资产负债表日后调整事项进行会计处理。（　　　）

刷通关

331.（单选题）甲公司 2×22 年度财务报告于 2×23 年 4 月 20 日经批准对外公布。下列各项甲公司发生的交易或事项中，应据以调整甲公司 2×22 年度财务报表的是（　　　）。

A. 2×23 年 2 月 21 日，发行可转换公司债券

B. 2×23 年 3 月 28 日，决定处置全资子公司

C. 2×23 年 1 月 10 日，因质量问题被客户退回 2×22 年已确认收入的商品

D. 2×23 年 4 月 25 日，发生火灾并造成重大损失

332. （多选题）甲公司 2×23 年度财务报告于 2×24 年 3 月 20 日经董事会批准报出，
下列各项对甲公司财务状况具有重大影响的交易或事项中，属于 2×23 年度资产
负债表日后调整事项的有（　　　）。

A. 2×24 年 1 月 5 日，上年度已全额确认收入的商品因质量问题被全部退回

B. 2×24 年 3 月 1 日，以资本公积转增资本

C. 2×24 年 2 月 20 日，发现上年度重大会计差错

D. 2×24 年 2 月 10 日，外汇汇率发生重大变化

333. （多选题）甲公司 2×22 年度财务报告的批准报出日为 2×23 年 4 月 21 日。不考
虑其他因素，下列各项甲公司 2×23 年发生的对财务状况有重大影响的交易或事
项中，应作为 2×22 年度资产负债表日后非调整事项的有（　　　）。

A. 2×23 年 2 月 20 日，发生安全生产事故造成重大财产损失

B. 2×23 年 3 月 15 日，以资本公积转增资本

C. 2×23 年 2 月 11 日，收到客户退回 2×22 年 11 月销售的部分商品

D. 2×23 年 3 月 18 日，股东大会通过 2×22 年的利润分配方案

334. （判断题）企业在资产负债表日至财务报告批准报出日之间发生巨额经营亏损时，
应对资产负债表日的财务报表相关项目进行调整。（　　　）

335. （综合题）甲公司适用的所得税税率为 25%，预计未来期间适用的企业所得税税
率不会发生变化，未来期间能够产生足够的应纳税所得额用以抵减可抵扣暂时性
差异。甲公司 2×22 年的财务报告批准报出日为 2×23 年 3 月 20 日，所得税汇算
清缴于 2×23 年 4 月 30 日完成。2×22 至 2×23 年甲公司发生的相关交易或事
项如下。

资料一：2×22 年 12 月 1 日，甲公司向乙公司销售一批商品，符合收入确认条件，
销售价格为 3 000 万元，款项尚未收到。甲公司以摊余成本计量该项交易形成的应
收账款。2×22 年 12 月 31 日，甲公司按预期信用损失法对该项应收账款计提坏账
准备 300 万元。假定税法规定资产减值损失在实际发生时才允许在税前扣除。

资料二：2×23 年 2 月 1 日，甲公司于 2×22 年 12 月 1 日形成的应收乙公司账款
的公允价值为 2 500 万元。当日，甲、乙公司签订债务重组合同，甲公司同意乙公
司以一台机器设备抵偿欠款，甲公司取得机器设备的所有权，并确认为固定资产。

资料三：2×23 年 4 月 1 日，甲公司向丙公司销售 1 000 件商品，单位销售价格是
1 万元，单位成本是 0.8 万元。当日已收到货款并存入银行，根据合同约定，丙
公司有权在 2×23 年 6 月 1 日之前无条件退货。甲公司根据以往经验估计退货率
为 20%。假定税法规定销售退回货物冲减退回当期的应纳税所得额。

资料四：2×23 年 6 月 1 日退货期满，甲公司收到丙公司退回的商品 150 件，以
银行存款支付相关的退货款。

假定本题不考虑除所得税以外的相关税费及其他因素。

要求：

（1）编制甲公司 2×22 年 12 月 31 日对应收账款计提坏账准备、确认递延所得税

影响的相关会计分录。

（2）判断甲公司 2×23 年 2 月 1 日与乙公司的债务重组是否属于资产负债表日后调整事项。如果属于调整事项，编制相关的会计分录，如果属于非调整事项，简要说明理由。

（3）编制甲公司 2×23 年 2 月 1 日与乙公司进行债务重组的相关会计分录。

（4）编制甲公司 2×23 年 4 月 1 日向丙公司销售商品时确认收入结转成本、确认递延所得税的相关会计分录。

（5）编制甲公司 2×23 年 6 月 1 日收到丙公司退回商品及确认所得税影响的相关会计分录。

336. （综合题）甲公司为建筑材料的采购、销售及工程建造商。按照净利润的 10% 计提法定盈余公积。2×23 年度财务报告批准报出日为 2×24 年 4 月 30 日，甲公司财务负责人在日后期间对 2×23 年度财务会计报告进行复核时，对 2×23 年度部分交易或事项的会计处理存在疑问，该部分交易或事项如下。

资料一：甲公司与乙公司签订合同，代乙公司采购原材料，每吨收取 100 万元手续费。甲公司代乙公司采购了 1 吨原材料，采购价款 1 900 万元，收取乙公司价款 2 000 万元。甲公司按照 2 000 万元确认了收入，并按照 1 900 万元结转了成本。

资料二：甲公司与丙公司签订合同，甲公司出售材料给丙公司，按照采购材料金额的 3% 返给丙公司。丙公司采购了 5 500 万元的材料，甲公司支付了 165 万元返利，并将其计入销售费用。

资料三：甲公司与丁公司签订一项建造合同，按照时段履约义务确认收入。合同价款 8 000 万元，合同成本预计 7 400 万元。当年，甲公司发生相关成本 3 100 万元，且仅与建造地基相关。履约进度确定为 40%，甲公司按照履约进度确认了收入，并按照 2 960 万元将合同履约成本结转到主营业务成本，剩余的 140 万元在资产负债表中记入了"存货"项目。

资料四：甲公司与戊公司签订材料销售合同，预计 2 年后交货。按照时点履约义务确认收入。合同中包含两种可供选择的付款方式：即戊公司可以在合同签订时支付 445 万元，或者在两年后交付材料时支付 500 万元。戊公司选择在合同签订时支付 445 万元，甲公司已收到上述款项并按照 445 万元确认收入，但尚未结转成本。

本题不考虑其他因素。

要求：

（1）判断甲公司与乙公司的业务账务处理是否正确，并说明理由。

（2）判断甲公司与丙公司的业务账务处理是否正确，并说明理由。

（3）判断甲公司与丁公司的业务账务处理是否正确，并说明理由。

（4）判断甲公司与戊公司的业务账务处理是否正确，并说明理由；如果不正确，请编制更正的会计分录。

（5）假设上述发生的会计差错均为重大差错，计算因上述会计差错对营业收入和营业利润的影响金额。

第二十四章　政府会计

刷基础

337.（单选题）关于政府会计核算模式的下列说法中，正确的是（　　）。

A. 政府会计由预算会计与财务会计组成

B. 预算会计实行权责发生制，财务会计实行收付实现制

C. 政府会计仅需编制财务报告

D. 平行记账的规则下，单位对于纳入部门预算管理的所有业务，在采用财务会计核算的同时应当进行预算会计核算

338.（多选题）根据《政府单位会计制度》的规定，下列各项中，属于预算会计报表的有（　　）。

A. 预算收入支出表

B. 预算结转结余变动表

C. 财政拨款预算收入支出表

D. 财政预算净资产变动表

339.（判断题）《政府单位会计制度》主要适用于不纳入企业财务管理体系的各级各类行政事业单位，含各级政府财政部门的总会计。（　　）

刷提高

340.（单选题）2×23年3月5日，某科研单位（为增值税一般纳税人）对外开展技术咨询服务，开具的增值税专用发票上注明的劳务收入为200 000元，增值税税额为12 000元，相关款项已存入银行。2×23年3月25日，该科研单位缴纳增值税。不考虑其他因素，下列会计处理正确的是（　　）。

A. 收到劳务款时，财务会计中借记"资金结存——货币资金"科目200 000元

B. 收到劳务款时，预算会计中贷记"事业收入"科目200 000元

C. 实际缴纳增值税时，财务会计中借记"应交增值税——应交税金（已交税金）"科目12 000元

D. 实际缴纳增值税时，预算会计中贷记"事业支出"科目12 000元

341.（多选题）在财政授权支付的方式下，政府单位的会计处理正确的有（　　）。

A. 政府单位收到相关支付凭证时，在预算会计中贷记"财政拨款收入"科目

B. 按规定支用额度时，应按实际支用的额度，在财务会计中贷记"零余额账户用

款额度"科目

C. 年末，依据代理银行提供的对账单注销额度时，在预算会计中借记"资金结存——财政应返还额度"科目

D. 年末，政府单位本年度财政授权支付预算指标数大于零余额账户用款额度下达数的，根据未下达的用款额度，在财务会计中借记"资金结存——财政应返还额度"科目

342. （判断题）在预算会计处理中，预算收入和预算支出包含了销项税额和进项税额，实际缴纳增值税时计入预算支出。（   ）

刷易错

343. （单选题）下列各项中，属于政府负债的计量属性的是（   ）。

    A. 重置成本   B. 可变现净值

    C. 公允价值   D. 名义金额

344. （多选题）2×23 年 12 月 31 日，甲行政单位财政直接支付指标数与当年财政直接支付实际支出数之间的差额为 30 万元，2×24 年 1 月 1 日，财政部门恢复了该单位的财政直接支付额度，2×24 年 1 月 20 日，该单位以财政直接支付方式购买一批办公用品（属于上年预算指标数），支付给供应商 10 万元，不考虑其他因素。甲行政单位对购买办公用品的下列会计处理表述中，正确的有（   ）。

    A. 减少财政应返还额度 10 万元

    B. 增加库存物品 10 万元

    C. 增加行政支出 10 万元

    D. 减少资金结存 10 万元

345. （判断题）对于单位受托代理的现金以及应上缴财政的现金等现金收支业务，在采用财务会计核算的同时应当进行预算会计核算。（   ）

刷通关

346. （单选题）下列各项中，不属于公共基础设施的特征的是（   ）。

    A. 可辨认的有形资产

    B. 是一个有形资产系统或网络的组成部分

    C. 具有特定用途

    D. 一般不可移动

347. （多选题）某行政单位发出救灾物资一批，能重复使用，发出时 1 000 件，单位成本 0.5 万元，收回时发现有 200 件毁损，剩余 800 件入库。不考虑其他因素，

下列关于该行政单位会计处理的表述中正确的有（　　）。

A. 发出时减少政府储备物资 500 万元

B. 收回时减少政府储备物资 100 万元

C. 发出时确认业务活动费用 500 万元

D. 收回时确认业务活动费用 100 万元

348. （判断题）行政单位收到无偿调入的资产，应按该资产的市场价格和相关税费进行核算。（　　）

第二十五章　民间非营利组织会计

刷基础

349.（单选题）2×23 年 12 月 13 日，甲民间非营利组织收到乙公司向敬老院捐赠的 20 台电脑，乙公司提供的凭据中注明每台电脑账面价值为 2 500 元，每台电脑的公允价值为 4 500 元。2×23 年 12 月 31 日，甲民间非营利组织尚未将电脑送至敬老院。不考虑增值税等其他因素，下列甲民间非营利组织的会计处理正确的是（　　）。

A. 收到电脑时，增加"库存商品"科目 50 000 元

B. 因为每台电脑的公允价值与账面价值相差较大，所以应当按照每台电脑的公允价值贷记"受托代理负债"科目 90 000 元

C. 2×23 年 12 月 31 日，资产负债表中应当按照"受托代理资产"与"受托代理负债"抵销后的净额填列

D. 由于该受托代理业务属于甲民间非营利组织的主营业务，因此，无须在会计报表附注中披露该受托代理业务的情况

350.（多选题）下列各项中，会影响民间非营利组织限定性净资产的有（　　）。

A. 捐赠者限制使用用途的捐赠资产

B. 国家法律限制使用用途的捐赠资产

C. 捐赠者规定使用时间的捐赠资产

D. 民间非营利组织理事会限定使用用途的捐赠资产

351.（判断题）捐赠是无偿转让资产或者清偿或取消负债，属于交换交易。（　　）

刷提高

352.（单选题）甲企业委托乙基金会向丙企业捐赠设备，设备价值 10 万元，乙基金会收到设备时的会计处理为（　　）。

A. 确认捐赠收入 10 万元　　　　　B. 确认受托代理资产 10 万元

C. 确认限定性净资产 10 万元　　　D. 确认业务活动成本 10 万元

353.（多选题）2×22 年 12 月 17 日，甲基金会与乙企业签订一份捐赠协议。协议规定，乙企业向该基金会捐赠 100 万元，用于成立一项奖学基金，从 2×24 年开始

每年从中取出 5 万元以奖励 X 高中的高考前 5 名优秀学生。2×23 年 1 月 1 日，甲基金会收到捐赠款项 100 万元并将该款项投资于一项永续年金，利率为 5%。不考虑其他因素，甲基金会下列会计处理正确的有（　　）。

A. 2×22 年 12 月 17 日，不满足捐赠收入的确认条件，不需要进行账务处理

B. 2×23 年 1 月 1 日，收到捐赠款贷记"捐赠收入——限定性收入"科目 100 万元

C. 2×23 年 12 月 31 日，确认利息收入贷记"投资收益"科目 5 万元

D. 2×23 年 12 月 31 日，"限定性净资产"科目余额为 105 万元

354. （判断题）与限定性净资产相关的固定资产、无形资产，应当按照制度规定计提折旧或计提摊销。（　　）

刷易错

355. （单选题）某事业单位收到捐赠的一台仪器设备，凭据上注明的价款为 40 万元，另支付运费 1 万元。不考虑其他因素，下列关于该事业单位会计处理的说法中正确的是（　　）。

A. 财务会计应确认固定资产 40 万元

B. 预算会计应减少银行存款 1 万元

C. 财务会计应确认捐赠收入 40 万元

D. 预算会计应确认事业支出 1 万元

356. （多选题）2×23 年 6 月 30 日，某非营利民办高校接受一台仪器的捐赠，价值 360 万元，捐赠人要求该学校在收到资产的 3 年内只能将这台仪器用于教学与科研试验，不得出售或挪作他用。该仪器收到时为全新资产，预计使用年限为 5 年，预计净残值为 0，采用双倍余额递减法计提折旧。不考虑其他因素，下列会计处理中，正确的有（　　）。

A. 2×23 年 6 月 30 日，收到捐赠时借记"固定资产"科目 360 万元

B. 2×23 年 7 月 31 日，计提折旧时贷记"累计折旧"科目 12 万元

C. 2×23 年 7 月 31 日，结转管理费用时借记"非限定性净资产"科目 12 万元

D. 2×23 年 7 月 31 日，净资产重分类时借记"限定性净资产"科目 12 万元

357. （判断题）由于民间非营利组织不具有受托代理资产的所有权，所以不属于民间非营利组织的资产。（　　）

刷通关

358. （单选题）下列各项关于民间非营利组织接受捐赠业务会计处理的表述中，正确的是（　　）。

A. 如果捐赠方没有提供有关凭据，受赠的非现金资产应以其公允价值作为入账价值

B. 收到指定向具体受益人捐赠资产，应确认限定性捐赠收入

C. 应将劳务捐赠确认收入

D. 应将捐赠承诺确认收入

359. （多选题）甲基金会系民间非营利组织。2×23 年 12 月 1 日，甲基金会与乙公司签订了一份捐赠协议。协议约定，乙公司向甲基金会捐赠 100 万元，用于购买防疫物资以资助社区的防疫工作。2×23 年 12 月 10 日，甲基金会收到乙公司捐赠的 100 万元，并于当日购买 80 万元防疫物资发放给有关社区。2×23 年 12 月 31 日，甲基金会与乙公司签订补充协议，节余的 20 万元捐赠款由甲基金会自由支配。不考虑其他因素，下列各项关于甲基金会对捐赠收入会计处理的表述中，正确的有（　　　）。

A. 2×23 年 12 月 31 日，确认限定性净资产 100 万元

B. 2×23 年 12 月 10 日，收到捐款时确认捐赠收入 100 万元

C. 2×23 年 12 月 10 日，发放物资时确认业务活动成本 80 万元

D. 2×23 年 12 月 1 日，无须进行账务处理

360. （判断题）民间非营利组织取得的被限制用途的固定资产，应按该固定资产各期计提折旧的金额将相关限定性资产转化为非限定性净资产。（　　　）

第二部分

速刷题参考答案及解析

第一章 总 论

刷基础

1. 【答案】D 【解析】本题考查会计人员从事会计工作的基本要求——会计人员的范围。会计人员包括从事下列具体会计工作的人员：（1）出纳；（2）稽核；（3）资产、负债和所有者权益（净资产）的核算；（4）收入、费用（支出）的核算；（5）财务成果（政府预算执行结果）的核算；（6）财务会计报告（决算报告）编制；（7）会计监督；（8）会计机构内会计档案管理；（9）其他会计工作，选项A、B、C均属于会计人员，选项A、B、C错误。

2. 【答案】ABCD 【解析】本题考查会计核算制度体系。根据会计主体不同，我国统一的会计核算制度体系主要包括企业会计准则制度、政府及非营利组织会计准则制度和农村集体经济组织、基金（资金）类会计制度等。故选项A、B、C、D均正确。

3. 【答案】√ 【解析】本题考查财务报告目标。该说法正确。

刷提高

4. 【答案】B 【解析】本题考查国家统一的会计核算制度体系概述。
（1）《小企业会计准则》适用于在中华人民共和国境内依法设立的、符合《中小企业划型标准规定》所规定的小型企业标准的企业。但下列三类小企业除外：①股票或债券在市场上公开交易的小企业。②金融机构或其他具有金融性质的小企业。③企业集团内的母公司和子公司。选项A错误。
（2）目前，我国的非营利组织会计制度主要包括《民间非营利组织会计制度》（财会〔2004〕7号）和《工会会计制度》（财会〔2021〕7号），选项C错误。
（3）基金类会计制度的核算基础一般采用收付实现制，选项D错误。

5. 【答案】AB 【解析】本题考查会计人员职业道德规范。"三坚三守"是对会计人员职业道德要求的集中表达。第一条"坚持诚信，守法奉公"是对会计人员的自律要求；第二条"坚持准则，守责敬业"是对会计人员的履职要求；第三条"坚持学习，守正创新"是对会计人员的发展要求。故选项A、B错误。

刷易错

6.【答案】ABC 【解析】本题考查会计信息质量要求。企业对可能发生的资产减值损失计提资产减值准备、对售出商品可能发生的保修义务等确认预计负债等，体现的是会计信息质量的谨慎性要求，选项 A、B、C 正确。选项 D 体现的是重要性要求。

7.【答案】× 【解析】本题考查会计核算制度体系。军队、已纳入企业财务管理体系的单位和执行《民间非营利组织会计制度》的社会团体，其会计核算不适用政府会计准则制度体系。

刷通关

8.【答案】D 【解析】本题考查会计信息质量要求。谨慎性要求企业对可能发生的资产减值损失计提资产减值准备，选项 D 正确。

9.【答案】BD 【解析】本题考查会计法规制度体系的主要构成。《中华人民共和国注册会计师法》属于会计法律，选项 A 错误。会计行政法规主要包括 1990 年 12 月 31 日国务院发布、2011 年 1 月 8 日国务院修正的《总会计师条例》，2000 年 6 月 21 日国务院发布的《企业财务会计报告条例》，选项 B、D 正确。《内蒙古自治区会计条例》属于会计规范性文件，选项 C 错误。

10.【答案】× 【解析】本题考查国家统一的会计核算制度体系概述——企业会计准则制度。小企业会计准则主要适用于符合《中小企业划型标准规定》所规定的小型企业标准的企业。但以下三类小企业除外：（1）股票或债券在市场上公开交易的小企业。（2）金融机构或其他具有金融性质的小企业。（3）企业集体内的母公司和子公司。

第二章 存 货

11. 【答案】C 【解析】本题考查存货的初始计量。商品流通企业对于已售商品的进货费用，计入当期损益（主营业务成本）；对于未售商品的进货费用，计入期末存货成本，选项 C 正确。

12. 【答案】ABC 【解析】本题考查存货的初始计量——通过进一步加工而取得的存货。向乙公司支付与加工费相关的增值税 0.78 万元，取得增值税专用发票，该增值税后期用于抵扣，所以不得计入 M 产品的成本，选项 D 错误。

13. 【答案】ABD 【解析】本题考查存货期末计量方法——可变现净值的确定。企业确定存货的可变现净值时应考虑的因素：（1）存货可变现净值的确凿证据。（2）持有存货的目的。（3）资产负债表日后事项等的影响。选项 A、B、D 正确。

14. 【答案】√ 【解析】本题考查存货期末计量方法。在核算存货跌价准备的转回时，转回的存货跌价准备与计提该准备的存货项目或类别应当存在直接对应关系。在原已计提的存货跌价准备金额内转回，意味着转回的金额以将存货跌价准备的余额冲减至 0 为限。

15. 【答案】C 【解析】本题考查存货的初始计量。企业采购商品成本的进货费用金额较小的可以在发生时直接计入当期损益（销售费用）。本题中，甲超市选择将进货费用进行费用化处理，所以甲超市该批商品的入账价值 = 10 + 1.3 = 11.3（万元），选项 C 正确。

16. 【答案】AC 【解析】本题考查存货期末计量方法。企业对外出售存货的会计分录如下：

借：银行存款等　　　　　　　　　　　　　　　　　1 100
　　贷：主营业务收入　　　　　　　　　　　　　　　　　1 100
借：主营业务成本　　　　　　　　　　　　　　　　　1 000
　　存货跌价准备　　　　　　　　　　　　　　　　　　200
　　贷：库存商品　　　　　　　　　　　　　　　　　　　1 200

选项 A、C 正确。

17.【答案】× 【解析】本题考查存货的初始计量——外购。对于采购过程中发生的物资毁损、短缺等，除合理的损耗应作为存货的"其他可归属于存货采购成本的费用"计入采购成本外，应区别不同情况进行会计处理：（1）应从供货单位、外部运输机构等收回的物资短缺或其他赔款，冲减物资的采购成本；（2）因遭受意外灾害发生的损失和尚待查明原因的途中损耗，不得增加物资的采购成本，应暂作为"待处理财产损溢"进行核算，在查明原因后再作处理。

刷易错

18.【答案】A 【解析】本题考查存货期末计量方法。

（1）2×23 年 6 月 30 日，甲公司 A 存货的成本 10 万元大于可变现净值为 9.5 万元，所以，A 存货发生减值损失。甲公司应确认的减值损失金额 = 10 - 9.5 = 0.5（万元），选项 A 正确。

（2）2×23 年 12 月 31 日，A 存货价值回升的原因是"A 存货的产量大幅下降"，与之前减值的原因"A 存货的市场价格持续下跌"不同，所以之前计提的资产减值不能转回，所以选项 B、C、D 错误。

19.【答案】AB 【解析】本题考查存货期末计量方法——可变现净值的确定。

（1）需要经过加工的在产品，应当以产成品的市场销售价格作为可变现净值计算中存货估计售价，选项 C 错误。

（2）为执行销售合同而持有的商品，应当以签订的合同价格作为可变现净值计算中存货估计售价，选项 D 错误。

20.【答案】√ 【解析】本题考查存货期末计量方法——存货跌价准备的转回。导致存货跌价准备转回的是以前减记存货价值的影响因素的消失，而不是在当期造成存货可变现净值高于其成本的其他影响因素。如果本期导致存货可变现净值高于其成本的影响因素不是以前减记该存货价值的影响因素，则不允许将该存货跌价准备转回。

刷通关

21.【答案】A 【解析】本题考查存货期末计量方法。

（1）M 产品 2×23 年末的成本 = 600 万元。

（2）M 产品 2×23 年末的可变现净值 = 598 万元。

因为，M 产品 2×23 年末的成本 600 万元大于其可变现净值 598 万元，所以，M 产品于 2×23 年末发生减值，该公司 M 产品的减值金额 = 600 - 598 = 2（万元）。但是，

2×22年末，该公司M产品存货跌价准备的余额为6万元。所以，该公司2×23年M产品应转回的减值损失金额 = 6 - 2 = 4（万元）。

（3）N产品2×23年末的成本 = 500万元。

（4）N产品2×23年末的可变现净值 = 608万元。

因为，N产品2×23年末的成本500万元小于其可变现净值608万元，所以，M产品于2×23年末未发生减值。但是，2×22年末，该公司N产品存货跌价准备的余额为8万元。所以，该公司2×23年N产品应转回的减值损失金额 = 8 - 0 = 8（万元）。

综合考虑，该公司2×23年末应转回资产减值损失的金额 = 4 + 8 = 12（万元），选项A正确。

22.【答案】BCD 【解析】本题考查存货期末计量方法。存货采购过程中发生的合理损耗无须从购买价款中扣除，选项A错误。

23.【答案】√ 【解析】本题考查存货期末计量方法。企业通常应当按照单个存货项目计提存货跌价准备。

24.【答案及解析】

（1）①有合同部分的可变现净值 = $10 \times (45 - 0.18) = 448.2$（万元）；

②无合同部分的可变现净值 = $(14 - 10) \times (42 - 0.15) = 167.4$（万元）；

③甲公司2×22年12月31日S型机床的可变现净值 = $448.2 + 167.4 = 615.6$（万元）。

（2）①甲公司2×22年12月31日S型机床对于有合同部分没有发生减值，无合同部分发生了减值。

②理由：对于有合同的部分，成本为 $44.25 \times 10 = 442.5$（万元），小于其可变现净值448.2万元，因此没有减值；对于无合同部分，成本为 $44.25 \times 4 = 177$（万元），大于其可变现净值167.4万元，因此发生了减值。

③应计提的存货跌价准备金额 = $177 - 167.4 = 9.6$（万元）。

借：资产减值损失　　　　　　　　　　　　　　　　　9.6

　　贷：存货跌价准备　　　　　　　　　　　　　　　　　　　9.6

（3）①M材料应该计提存货跌价准备。

②理由：甲公司生产的W型机床的成本 = $80 + 50 = 130$（万元）；

可变现净值 = $12 \times 10 - 0.1 \times 10 = 119$（万元），成本大于可变现净值，W型机床发生了减值，且因材料贬值所致，因此M材料发生了减值。

③M材料存货跌价准备的期末余额 = $80 - (12 \times 10 - 0.1 \times 10 - 50) = 11$（万元），大于存货跌价准备的期初余额5万元，因此M材料应该计提存货跌价准备。

④M材料应计提存货跌价准备的金额 = $11 - 5 = 6$（万元）。

借：资产减值损失　　　　　　　　　　　　　　　　　6

　　贷：存货跌价准备　　　　　　　　　　　　　　　　　　　6

第三章　固定资产

刷基础

25.【答案】B 【解析】本题考查固定资产的初始计量——外购。该设备的初始入账价值 $=50+6+4+0.36=60.36$（万元），选项B正确。会计分录如下：

借：在建工程 　　　　　　　　　　　　　　　　　　　　50

　　应交税费——应交增值税（进项税额）　　　　　　　6.5

　　　贷：银行存款 　　　　　　　　　　　　　　　　　　　56.5

借：在建工程 　　　　　　　　　　　　　　　　　　　10.36

　　贷：原材料 　　　　　　　　　　　　　　　　　　　　6

　　　　银行存款 　　　　　　　　　　　　　　　　　　4.36

借：固定资产 　　　　　　　　　　　　　　　　　　　60.36

　　贷：在建工程 　　　　　　　　　　　　　　　　　　60.36

26.【答案】ACD 【解析】本题考查固定资产的初始计量——外购固定资产。

（1）企业外购固定资产的成本，包括购买价款，相关税费，使固定资产达到预定可使用状态前所发生的可归属于该项资产的运输费、装卸费、安装费和专业人员服务费等，选项A、C、D正确。

（2）增值税属于价外税，不计入相关资产的初始成本中，选项B错误。

27.【答案】ACD 【解析】本题考查固定资产的初始计量。

（1）固定资产应当按照成本进行初始计量，其中固定资产的成本是指企业购建某项固定资产达到预定可使用状态前所发生的一切合理、必要的支出。这些支出包括直接发生的价款、相关税费（不包括允许抵扣的增值税进项税额）、运杂费、包装费和安装成本等，也包括间接发生的支出，如应承担的借款利息、外币借款折算差额以及应分摊的其他间接费用，选项A、C、D正确。

（2）企业将固定资产达到预定可使用状态前产出的产品或副产品，比如测试固定资产可否正常运转时产出的样品，或者将研发过程中产出的产品或副产品对外销售的，应当按照《企业会计准则第14号——收入》《企业会计准则第1号——存货》等适用的会计准则，对试运行销售相关的收入和成本分别进行会计处理，计入当期损益，不应将试运行销售相关收入抵销相关成本后的净额冲减固定资产成本或者研发支出，选项B错误。

28.【答案】× 【解析】本题考查固定资产的初始计量——存在弃置费用的固定资产。

对于核发电设备处置时产生的预计负债，应按照未来支付金额的现值核算。核发电设备的处置利得，不属于弃置费用，应当在发生时作为固定资产处置损益处理。

刷提高

29.【答案】D 【解析】本题考查固定资产的初始计量——外购固定资产。甲公司设备 A 的入账价值 = 500 × 150/600 + 4 = 129（万元），选项 D 正确。

【提示】装卸费 4 万元应在设备 B、设备 C 中分摊，不涉及设备 A。

30.【答案】× 【解析】本题考查固定资产的初始计量——存在弃置费用。一般工商企业的固定资产发生的报废清理费用不属于弃置费用，应当在发生时作为固定资产处置费用处理。

刷易错

31.【答案】C 【解析】本题考查固定资产折旧方法——年数总和法。因为 M 产品的各年产量均衡，所以年限平均法与工作量法计提的年折旧额应当一致，选项 A、B 错误；双倍余额递减法与年数总和法属于加速计提折旧方法，其采用上述两种方法计提的第 1 年折旧额应大于年限平均法与工作量法。双倍余额递减法与年数总和法可以进行举例比较，假定该设备原价为 150 万元，则双倍余额递减法第 1 年计提的折旧额 =（150 - 0）× 2/5 = 60（万元）；年数总和法第 1 年计提的折旧额 = 150 × 5/15 = 50（万元），经对比可知双倍余额递减法第 1 年计提的折旧额更多，选项 C 正确。

32.【答案】ABD 【解析】本题考查固定资产使用寿命、预计净残值和折旧方法的复核。账面原值影响折旧的计算，但本身不影响预计未来现金流量的计算，选项 C 错误。

33.【答案】ACD 【解析】本题考查固定资产的后续支出——费用化后续支出。
（1）行政管理部门、企业专设的销售机构等发生的固定资产日常修理费用按照功能分类计入管理费用或销售费用，选项 A、C 正确。
（2）与存货的生产和加工相关的固定资产日常修理费用按照存货成本确定原则进行处理，计入制造费用，选项 B 错误。
（3）经营租赁方式下，实质上并没有发生与租赁资产所有权有关的全部风险和报酬的转移，所以发生的日常修理费用应当计入管理费用，选项 D 正确。

34.【答案】√ 【解析】本题考查固定资产终止确认的条件。固定资产的确认条件之一是"与该固定资产有关的经济利益很可能流入企业"，如果一项固定资产预期通过使用或处置不能产生经济利益，就不再符合固定资产的定义和确认条件，应予终止确认。

刷通关

35. 【答案】B 【解析】本题考查固定资产的后续支出。更新改造后的 M 机器设备的入账金额 $=700+80+200=980$（万元），选项 B 正确。

36. 【答案】ABC 【解析】本题考查固定资产处置的会计处理。正常报废行政管理用汽车的净损失，应计入营业外支出，选项 D 错误。

37. 【答案】√ 【解析】本题考查固定资产的初始计量——自行建造固定资产。企业将固定资产达到预定可使用状态前或者研发过程中产出的产品或副产品对外销售的，应当按照规定，对试运行销售相关的收入和成本分别进行会计处理，计入当期损益，不应将试运行销售相关收入抵销相关成本后的净额冲减固定资产成本或者研发支出。

38. 【答案及解析】

（1）会计分录如下：

借：在建工程   290

应交税费——应交增值税（进项税额）   37.7

贷：银行存款   327.7

（2）会计分录如下：

借：在建工程   20

应交税费——应交增值税（进项税额）   1.8

贷：银行存款   21.8

借：固定资产   310

贷：在建工程   310

（3）①2×19 年计提折旧 $=(310-10)\times5/(5+4+3+2+1)=100$（万元）；

②2×20 年计提折旧 $=(310-10)\times4/(5+4+3+2+1)=80$（万元）。

（4）①2×20 年末计提减值前的账面价值 $=310-100-80=130$（万元）；

②可收回金额 $=95$ 万元；

③应计提减值损失 $=130-95=35$（万元）。

④会计分录如下：

借：资产减值损失   35

贷：固定资产减值准备   35

（5）①2×21 年计提折旧 $=(95-5)\times3/(3+2+1)=45$（万元）；

②2×22 年计提折旧 $=(95-5)\times2/(3+2+1)=30$（万元）；

③会计分录如下：

借：固定资产清理   20

```
        累计折旧                                    255
        固定资产减值准备                             35
        贷：固定资产                                              310
借：银行存款                                        2.26
    营业外支出                                       18
    贷：固定资产清理                                              20
        应交税费——应交增值税（销项税额）                         0.26
```

第四章　无形资产

刷基础

39. 【答案】B　【解析】本题考查内部研究开发支出的会计处理。

(1) 该专利技术的初始入账价值 = 280 万元，选项 A 错误；

(2) 利润表中"研发费用"项目的金额 = 180 + 20 + 20 = 220（万元），选项 B 正确，选项 C 错误；

(3) 资产负债表中"开发支出"项目的金额 = 280 万元，选项 D 错误。

40. 【答案】B　【解析】本题考查无形资产出售。增值税税额 6 万元，属于价外税费，不影响当期损益，所以该企业转让专利权对营业利润的影响金额 = 100 − (300 − 210) = 10（万元），选项 B 正确。会计分录如下：

借：银行存款　　　　　　　　　　　　　　　　　　106

　　累计摊销　　　　　　　　　　　　　　　　　　210

　　贷：无形资产　　　　　　　　　　　　　　　　　300

　　　　应交税费——应交增值税（销项税额）　　　　　6

　　　　资产处置损益　　　　　　　　　　　　　　　　10

41. 【答案】ABCD　【解析】本题考查无形资产使用寿命的确定。估计无形资产使用寿命应考虑的主要因素包括：

(1) 运用该无形资产生产的产品通常的寿命周期、可获得的类似资产使用寿命的信息。

(2) 技术、工艺等方面的现阶段情况及对未来发展趋势的估计。

(3) 以该无形资产生产的产品或提供的服务的市场需求情况。

(4) 现在或潜在的竞争者预期将采取的行动。

(5) 为维持该无形资产产生未来经济利益能力的预期维护支出，以及企业预计支付有关支出的能力。

(6) 对该无形资产的控制期限，以及对该资产使用的相关法律规定或类似限制，如特许使用期、租赁期等。

(7) 与企业持有的其他资产使用寿命的关联性等。

选项 A、B、C、D 正确。

42. 【答案】√　【解析】本题考查无形资产的初始计量——土地使用权的处理。企业改变土地使用权的用途，将其用于赚取租金或资本增值时，应将其转为投资性房地产。

刷提高

43.【答案】B 【解析】本题考查无形资产的初始计量——外购无形资产的成本。购买无形资产的价款超过正常信用条件延期支付，实质上具有融资性质的，无形资产的成本应以购买价款的现值为基础确定。所以，甲公司该专利权的入账价值 = 500 × 3.5460 + 10 = 1 783（万元），选项 B 正确。

44.【答案】BC 【解析】本题考查使用寿命有限的无形资产。无形资产的残值一般为 0，选项 A 错误；如果无形资产的残值重新估计以后高于其账面价值，则无形资产不再摊销，直至残值降至低于账面价值时再恢复摊销，选项 D 错误。

45.【答案】√ 【解析】本题考查无形资产使用寿命的确定。对于出租车的运营许可权，由于其能为企业带来未来经济利益的期限从目前情况来看，无法可靠地估计，因而应将其视为使用寿命不确定的无形资产。

刷易错

46.【答案】B 【解析】本题考查无形资产概述。非同一控制下企业合并中形成的商誉，因不具有可辨认性，所以不应确认为"无形资产"，选项 A 错误；通过转让方式取得的用于出租的土地使用权，应确认为"投资性房地产"，选项 C 错误；通过出让方式取得的用于开发商品房的土地使用权，应确认为"开发成本"，选项 D 错误。

47.【答案】BCD 【解析】本题考查使用寿命有限的无形资产。外购专利权的合同规定期限为 6 年，税法规定期限为 10 年，则该专利权的预计使用寿命为 6 年，选项 A 错误。

48.【答案】× 【解析】本题考查使用寿命有限的无形资产——摊销期和摊销方法。企业采用车流量法对高速公路经营权进行摊销的，不属于以包括使用无形资产在内的经济活动产生的收入为基础的摊销方法。

49.【答案】× 【解析】本题考查使用寿命有限的无形资产——摊销期和摊销方法。企业选择的无形资产摊销方法，应根据与无形资产有关的经济利益的预期消耗方式作出决定，并一致地运用于不同会计期间。具体摊销方法包括直线法、产量法等。受技术陈旧因素影响较大的专利权和专有技术等无形资产，可采用类似固定资产加速折旧的方法进行摊销；有特定产量限制的特许经营权或专利权，应采用产量法进行摊销。无法可靠确定其预期消耗方式的，应当采用直线法进行摊销。

刷通关

50. 【答案】B 【解析】本题考查使用寿命有限的无形资产——应摊销金额、摊销期和摊销方法。

(1) 外购专利权的初始入账价值 = 860 + 4 = 864（万元）。

(2) 甲公司预计运用该专利权能够带来经济利益的期间为 8 年，期限短于该专利权的法律保护期限为 20 年。所以，该专利权的摊销期限为 8 年。

(3) 甲公司该专利权 2×23 年度的摊销金额 = 864/8 × 10/12 = 90（万元），选项 B 正确。

51. 【答案】D 【解析】本题考查使用寿命有限的无形资产。外购无形资产的成本，包括购买价款、相关税费以及直接归属于使该项资产达到预定用途所发生的其他支出，所以测试无形资产是否能够正常发挥作用的费用应计入无形资产的成本。因此，无形资产的入账金额 = 2 070 + 30 = 2 100（万元），2×22 年度该专利技术的摊销金额 = 2 100/10 = 210（万元），选项 D 正确。

52. 【答案】ABD 【解析】本题考查内部开发的无形资产的计量、使用寿命有限的无形资产——摊销期。

(1) 根据规定，当月增加的无形资产，当月开始计提摊销。本题中，甲公司一项内部研发的无形资产系 2×23 年 10 月 1 日达到预定用途，所以，应当从 2×23 年 10 月 1 日开始摊销，选项 A 正确。

(2) 甲公司研发该项无形资产，共发生支出 110 万元，其中符合资本化条件的支出为 48 万元，所以费用化支出的金额 = 110 - 48 = 62（万元），选项 B 正确。

(3) 该项无形资产的法律保护期为 10 年，但是甲公司预计的经济收益期为 8 年，所以，该无形资产的摊销年限为 8 年，选项 C 错误。

(4) 2×23 年 12 月 31 日无形资产的账面价值 = 48 - 48/8 × 3/12 = 46.5（万元），选项 D 正确。

53. 【答案】ABC 【解析】本题考查无形资产出售。处置无形资产时，应将无形资产的售价与其账面价值的差额，记入"资产处置损益"科目，选项 D 错误。

54. 【答案】× 【解析】本题考查无形资产报废。企业报废无形资产时，应将其账面价值转入"营业外支出"。

55. 【答案及解析】

(1) 借：研发支出——费用化支出　　　　　　　　　　　　100

　　　　贷：原材料　　　　　　　　　　　　　　　　　　　　　　20

　　　　　　应付职工薪酬　　　　　　　　　　　　　　　　　　　30

　　　　　　累计折旧　　　　　　　　　　　　　　　　　　　　　50

　　借：应付职工薪酬　　　　　　　　　　　　　　　　30

　　　　贷：银行存款　　　　　　　　　　　　　　　　　　　　　30

```
借：管理费用                                           100
      贷：研发支出——费用化支出                              100
（2）借：研发支出——资本化支出                          240
        贷：原材料                                          30
            应付职工薪酬                                    40
            累计折旧                                       100
            银行存款                                        70
借：应付职工薪酬                                        40
      贷：银行存款                                          40
借：无形资产                                           240
      贷：研发支出——资本化支出                             240
```

（3）①至 2×21 年 12 月 31 日 A 专利技术累计计提的摊销金额 = 240/4 × 6/12 = 30（万元）；

②2×21 年 12 月 31 日 A 专利技术的账面价值 = 240 − 30 = 210（万元）；

③2×21 年 12 月 31 日 A 专利技术经减值测试得出的可回收金额为 200 万元。由于当日 A 专利技术的账面价值高于其可回收金额，因此，A 专利技术发生减值。

④2×21 年 12 月 31 日 A 专利技术应计提的减值金额 = 210 − 200 = 10（万元）。

⑤会计分录：

```
借：资产减值损失                                       10
      贷：无形资产减值准备                                  10
```

（4）①2×22 年应确认的摊销金额 = 200/2 = 100（万元）。

②会计分录：

```
借：制造费用                                          100
      贷：累计摊销                                         100
```

（5）①2×23 年 1 月 1 日甲公司出售 A 专利技术确认的损益金额 = 70 − (200 − 100) = −30（万元）。

②会计分录：

```
借：银行存款                                           70
    累计摊销                                           130
    无形资产减值准备                                    10
    资产处置损益                                        30
      贷：无形资产                                         240
```

56.【答案及解析】

（1）会计分录如下：

```
借：研发支出——费用化支出                              950
      贷：原材料                                         300
          应付职工薪酬                                   400
```

```
            累计折旧                        250
```

（2）会计分录如下：

借：管理费用　　　　　　　　　　　　　　950

　　贷：研发支出——费用化支出　　　　　　　950

（3）会计分录如下：

借：研发支出——资本化支出　　　　　　900

　　贷：应付职工薪酬　　　　　　　　　　300

　　　　原材料　　　　　　　　　　　　　420

　　　　累计折旧　　　　　　　　　　　　180

借：无形资产　　　　　　　　　　　　　900

　　贷：研发支出——资本化支出　　　　　　900

（4）①无形资产的账面价值 $=900-900/5\times1.5=630$（万元）；

②无形资产发生减值金额 $=630-510=120$（万元）；

③会计分录：

借：资产减值损失　　　　　　　　　　　120

　　贷：无形资产减值准备　　　　　　　　　120

（5）①至 2×22 年 7 月 1 日的账面价值 $=510-510/3\times6/12=425$（万元）。

②会计分录：

借：原材料　　　　　　　　　　　　　　500

　　累计摊销　　　　　　　　　　　　　355

　　无形资产减值准备　　　　　　　　　120

　　资产处置损益　　　　　　　　　　　　5

　　贷：无形资产　　　　　　　　　　　　900

　　　　银行存款　　　　　　　　　　　　　80

第五章 投资性房地产

刷基础

57. 【答案】D 【解析】本题考查投资性房地产的范围。为建造固定资产购入的土地使用权单独确认为无形资产，选项 D 错误。

58. 【答案】B 【解析】本题考查采用公允价值模式计量的投资性房地产。

(1) 甲公司该写字楼 2×23 年计提的折旧金额 = 7 200/20 × 8/12 = 240（万元），计入管理费用。

(2) 甲公司该写字楼 2×23 年收取租金收入 = 40 × 4 = 160（万元），计入其他业务收入。

(3) 甲公司该写字楼 2×23 年公允价值上涨的收益 = 7 000 − (7 200 − 240) = 40（万元），计入公允价值变动损益。

综合考虑，甲公司 2×23 年利润表中"营业利润"项目的影响金额 = − 240 + 160 + 40 = − 40（万元），选项 B 正确。

59. 【答案】ABD 【解析】本题考查投资性房地产的范围。投资性房地产包含：

(1) 已出租的土地使用权；

(2) 持有并准备增值后转让的土地使用权；

(3) 已出租的建筑物。

选项 A、B、D 正确。

【提示】租入后再转租出去的土地使用权和建筑物，不属于投资性房地产范围。

60. 【答案】× 【解析】本题考查投资性房地产的后续计量——成本模式。已经计提减值准备的投资性房地产，其减值损失在以后的会计期间不得转回。

61. 【答案】√ 【解析】本题考查与投资性房地产有关的后续支出——资本化的后续支出。企业对某项投资性房地产进行改扩建等再开发且将来仍作为投资性房地产的，再开发期间应继续将其作为投资性房地产，不计提折旧或摊销。

刷提高

62. 【答案】A 【解析】本题考查投资性房地产的后续计量模式变更。

(1) 2×23 年 9 月 1 日，投资性房地产的账面价值 = 7 000 万元，选项 A 正确；

（2）2×23 年 9 月 1 日，确认留存收益的金额 = 7 000 - (7 500 - 7 500/50 × 32/12) = -100（万元），选项 B 错误；

（3）2×23 年确认投资性房地产累计折旧 = 7 500/50 × 8/12 = 100（万元），选项 C 错误；

（4）甲公司与投资性房地产相关的交易或事项对 2×23 年度营业利润的影响金额 = 600 + (7 350 - 7 000) - 7 500/50 × 8/12 = 850（万元），选项 D 错误。

会计分录如下：

①甲公司确认 2×23 年 1 ~ 8 月的折旧：

借：其他业务成本   100

    贷：投资性房地产累计折旧   100

②2×23 年 9 月 1 日，甲公司投资性房地产由成本模式计量转为以公允价值模式计量：

借：投资性房地产——成本   7 000

    投资性房地产累计折旧   400

    盈余公积   10

    利润分配——未分配利润   90

    贷：投资性房地产   7 500

③2×23 年，甲公司收取租金：

借：银行存款   600

    贷：其他业务收入   600

④2×23 年，甲公司确认投资性房地产公允价值的变动：

借：投资性房地产——公允价值变动   350

    贷：公允价值变动损益   350

63.【答案】AB 【解析】本题考查投资性房地产的后续计量——公允价值模式。采用公允价值模式计量的投资性房地产，不确认减值，选项 C 错误；资产负债表日以公允价值模式计量的投资性房地产，其公允价值与原账面价值的差额，应计入当期损益（即公允价值变动损益），选项 D 错误。

64.【答案】√ 【解析】本题考查投资性房地产的后续计量模式变更。成本模式转为公允价值模式的，应当作为会计政策变更处理，将计量模式变更时公允价值与账面价值的差额，调整期初留存收益。

刷易错

65.【答案】D 【解析】本题考查投资性房地产的确认条件和初始计量。购入的土地使用权，应记入"无形资产"科目，选项 A 错误；建造期间，"在建工程"科目借方累计的金额 = 2 400 + 1 200/50 = 2 424（万元），选项 B 错误；2×23 年 12 月 31

日，固定资产的入账价值 = 2 400/2 + 1 200/50/2 = 1 212（万元），选项 C 错误；
2×23 年 12 月 31 日，投资性房地产的入账价值 = 2 400/2 + 1 200/50/2 + 1 200/2 −
1 200/50/2 = 1 800（万元），选项 D 正确。

会计分录如下：

（1）购入土地使用权：

借：无形资产   1 200
   贷：银行存款   1 200

（2）建造两栋厂房发生的成本支出：

借：在建工程   2 424
   贷：银行存款   2 400
     累计摊销   24

（3）2×23 年 12 月 31 日，两栋厂房达到预定可使用状态：

借：固定资产   1 212
   投资性房地产   1 212
   贷：在建工程   2 424
借：投资性房地产——已出租土地使用权   600
   累计摊销   12
   贷：无形资产   600
     投资性房地产   12

66. 【答案】D 【解析】本题考查房地产转换——公允价值模式下的转换（作为存货的房地产转换为投资性房地产）。作为存货的非投资性房地产转换为采用公允价值模式后续计量的投资性房地产时，转换日公允价值大于账面价值的差额，应计入其他综合收益；转换日公允价值小于账面价值的差额，应计入公允价值变动损益，选项 D 正确。

67. 【答案】× 【解析】本题考查投资性房地产的确认和初始计量。投资性房地产初始计量时，应当按照成本进行计量。
【注意】此处不区分成本模式和公允价值模式，统一按照成本进行计量。

刷通关

68. 【答案】D 【解析】本题考查房地产转换——公允价值模式。以公允价值模式计量的投资性房地产不确认累计摊销，选项 A 错误；自用土地使用权转为以公允价值模式计量的投资性房地产，应按转换日的公允价值 500 万元计量，公允价值高于账面价值的金额，计入其他综合收益，选项 B、C 错误，选项 D 正确。

69. 【答案】BD 【解析】本题考查投资性房地产的后续支出。甲公司与乙公司的经营租赁到期并进行改扩建的，应将该写字楼由"投资性房地产"科目转入"投资性房地产——在建"科目，选项 A、C 错误。企业对某项投资性房地产进行改扩建等再开发且将来仍作为投资性房地产的，再开发期间应继续将其作为投资性房地产，不计提折旧或摊销，选项 B 正确；2×23 年 12 月 31 日，该投资性房地产的入账价值 = (5 000 - 1 000) + 800 = 4 800（万元），选项 D 正确。

70.【答案】×　【解析】本题考查投资性房地产的后续支出。与投资性房地产有关的后续支出，不满足投资性房地产确认条件的，如企业对投资性房地产进行日常维护所发生的支出，应当在发生时计入当期损益。

71.【答案及解析】

(1) 2×19 年 12 月 31 日，写字楼转换为投资性房地产：

借：投资性房地产　　　　　　　　　　　　　　　　　　　1 970

　　累计折旧　　　　　　　　　　　　　　　　　　　　　　156

　　贷：固定资产　　　　　　　　　　　　　　　　　　　　　1 970

　　　　投资性房地产累计折旧　　　　　　　　　　　　　　　　156

(2) 每月计提的折旧金额 = (1 970 - 20)/50/12 = 3.25（万元）

每月收取的租金 = 240/12 = 20（万元）

会计分录如下：

① 2×20 年 1 月 1 日，预收租金：

借：银行存款　　　　　　　　　　　　　　　　　　　　　240

　　贷：预收账款　　　　　　　　　　　　　　　　　　　　　240

② 2×20 年 1 月 31 日，确认收入并结转相关成本：

借：预收账款　　　　　　　　　　　　　　　　　　　　　20

　　贷：其他业务收入　　　　　　　　　　　　　　　　　　　20

借：其他业务成本　　　　　　　　　　　　　　　　　　　3.25

　　贷：投资性房地产累计折旧　　　　　　　　　　　　　　　3.25

(3) 2×21 年 12 月 31 日，由成本模式转换为公允价值模式：

借：投资性房地产——成本　　　　　　　　　　　　　　　2 000

　　投资性房地产累计折旧　　　　　　　　　　　　　　　　234

　　贷：投资性房地产　　　　　　　　　　　　　　　　　　1 970

　　　　利润分配——未分配利润　　　　　　　　　　　　　237.6

　　　　盈余公积　　　　　　　　　　　　　　　　　　　　26.4

(4) 2×22 年 12 月 31 日，确认公允价值变动：

借：投资性房地产——公允价值变动　　　　　　　　　　　150

　　贷：公允价值变动损益　　　　　　　　　　　　　　　　150

(5) 2×23 年 1 月 1 日，处置该房产：

借：银行存款　　　　　　　　　　　　　　　　　　　　2 100

　　贷：其他业务收入　　　　　　　　　　　　　　　　　　2 100

借：其他业务成本 2 150
　　贷：投资性房地产——成本 2 000
　　　　　　　　　　——公允价值变动 150
借：公允价值变动损益 150
　　贷：其他业务成本 150

第六章 长期股权投资和合营安排

72. 【答案】D 【解析】本题考查长期股权投资的范围。投资方直接或通过子公司间接持有被投资单位20%以上但低于50%的表决权的股权时，一般认为对被投资单位具有重大影响，选项D正确。

73. 【答案】C 【解析】本题考查长期股权投资的初始计量——非合并方式。

(1) 甲公司购入乙公司股权的初始投资成本 $=1\ 600$ 万元；

投资日，甲公司享有乙公司可辨认净资产公允价值的份额 $=5\ 000\times25\%=1\ 250$ （万元）；

由此可知，甲公司购入乙公司股权的初始投资成本高于投资日享有乙公司可辨认净资产公允价值的份额，因此，甲公司购入乙公司股权的初始入账价值为 $1\ 600$ 万元，选项A、B错误。

(2) 2×22 年9月，甲公司购入丙公司股票对利润总额的影响额 $=3\ 500\times40\%-(2\ 000-750-50)=200$ （万元），选项D错误。

会计分录如下：

①$2\times22$ 年3月，甲公司购入乙公司股权：

借：长期股权投资——投资成本	1 600	
贷：银行存款		1 600

②$2\times22$ 年9月，甲公司购入丙公司股权：

借：固定资产清理	1 200	
累计折旧	750	
固定资产减值准备	50	
贷：固定资产		2 000
借：长期股权投资——投资成本	1 320	
贷：固定资产清理		1 200
资产处置损益		120
借：长期股权投资——投资成本	80	
贷：营业外收入		80

74. 【答案】B 【解析】本题考查长期股权投资核算方法的转换——权益法转成本法核算。

（1）2×22 年 12 月 31 日，甲公司"长期股权投资——损益调整"的增加额 = 3 000/12×7×20% =350（万元），选项 A 错误；

（2）2×22 年 12 月 31 日，甲公司资产负债表中"长期股权投资"项目的金额 = 1 600 +350 =1 950（万元），选项 B 正确；

（3）2×23 年 1 月 1 日，甲公司长期股权投资的初始投资成本 = 7 500 +1 600 +350 = 9 450（万元），选项 C 错误；

（4）2×23 年 12 月 31 日，甲公司应确认"投资收益"的金额 =0，选项 D 错误。

会计分录如下：

①2×22 年 6 月 1 日，甲公司购入乙公司股票：

借：长期股权投资——投资成本   1 600

  贷：银行存款   1 600

②2×22 年乙公司实现净利润：

借：长期股权投资——损益调整   350

  贷：投资收益   350

③2×23 年 1 月 1 日，甲公司购入乙公司股票：

借：长期股权投资   9 450

  贷：长期股权投资——投资成本   1 600

          ——损益调整   350

    银行存款   7 500

④2×23 年乙公司实现净利润：

由于甲公司于 2×23 年 1 月 1 日通过增持股份，能够对乙公司实施控制，所以后续计量应当采用成本法。在成本法下，乙公司实现利润，甲公司也不应按照持股比例确认收益，故甲公司不应作账务处理。

75.【答案】C 【解析】本题考查共同经营中合营方的会计处理。合营方取得共同经营中的利益份额，且该共同经营构成业务时，应当按照《企业会计准则第 20 号——企业合并》等相关准则进行相应的会计处理，选项 A 错误；合营方自共同经营购买资产等（该资产构成业务的除外），在将该资产等出售给第三方之前（即未实现内部利润仍包括在合营方持有的资产账面价值中时），不应当确认因该交易产生的损益中该合营方应享有的部分，选项 B 错误；按其份额确认共同经营因出售产出所产生的收入，选项 D 错误。

76.【答案】BC 【解析】本题考查长期股权投资的初始计量——同一控制下企业合并。

（1）法律咨询费用，应当记入"管理费用"科目，选项 A 错误。

（2）发行债务工具作为合并对价直接相关的交易费用，应当计入债务性工具的初始确认金额，选项 D 错误。

刷提高

77.【答案】B　【解析】本题考查长期股权投资核算方法的转换——成本法核算转权益法核算。

2×23 年 6 月，甲公司出售该公司 40% 的股权后，丧失对该被投资单位的控制权，但是仍具有重大影响，所以应将该长期股权投资的核算方法由成本法核算转权益法核算，并进行追溯调整。

（1）剩余 40% 长期股权投资的初始投资成本 = 8 000 × 40%/80% = 4 000（万元）。

（2）剩余 40% 的股权在初始投资时享有的被投资单位可辨认净资产的公允价值的份额 = 11 000 × 40% = 4 400（万元）。

因为，该长期股权投资的初始投资成本 4 000 万元小于初始投资时享有的被投资单位可辨认净资产的公允价值的份额 4 400 万元，所以，需要调整该长期股权投资的初始入账价值。并通过留存收益核算。

（3）2×22 年 1 月至 2×23 年 6 月，被投资单位实现净利润 500 万元，甲公司享有份额 = 500 × 40% = 200（万元）。

综合考虑，甲公司 2×23 年 6 月剩余长期股权投资调整后的账面价值 = 4 000 + 400 + 200 = 4 600（万元），选项 B 正确。

会计分录如下：

借：银行存款	4 700	
贷：长期股权投资		4 000
投资收益		700
借：长期股权投资——投资成本	400	
贷：留存收益		400
借：长期股权投资——投资成本	200	
贷：投资收益、留存收益		200

【提示】本题中，因为没有提示甲公司盈余公积的提取比例，也没有提示"2×22 年 1 月至 2×23 年 6 月，被投资单位实现净利润 500 万元"中分别归属于 2×22 年和 2×23 年的利润金额，所以分录中直接用留存收益代替"盈余公积"和"利润分配——未分配利润"科目。

78.【答案】ABC　【解析】本题考查长期股权投资的后续计量——权益法（投资损益的确认）。内部交易形成的固定资产当年补提的折旧额，应当调增被投资方本年净利润，选项 D 错误。

【总结】对被投资单位的净损益调整如下表所示。

项目	存货增值	固定资产、无形资产增值
投资时点	本年度售出部分的毛利润额（调减）	增值部分补提折旧或摊销额（调减）
内部交易	本年度未售出部分的毛利润额（调减） 以后期间对外售出部分的毛利润额（调增）	本年度产生的毛利润额（调减） 本年度补提的折旧额（调增） 以后年度补提的折旧额（调增）

79. 【答案】√ 【解析】本题考查成本法。采用成本法核算的长期股权投资，应当按照初始投资成本计价。追加或收回投资应当调整长期股权投资的成本。在追加投资时，按照追加投资支付的成本的公允价值及发生的相关交易费用增加长期股权投资的账面价值。

刷易错

80. 【答案】B 【解析】本题考查权益法——投资损益的确认。甲公司2×23年底应确认的投资收益 = [1 000/2 - 400/8 × 6/12 - (300 - 200) × (1 - 60%)] × 20% = 87 （万元），选项B正确。

81. 【答案】C 【解析】本题考查合营安排概述。判断集体控制时，需要注意以下几点：

（1）集体控制不是单独一方的控制；（选项A错误）

（2）尽管所有参与方联合起来一定能够控制该安排，但在集体控制下，集体控制该安排的组合指的是那些既能联合起来控制该安排，又使得参与方数量最少的一个或几个参与方组合。（选项B、D错误）

【提示】能够集体控制一项安排的参与方组合很可能不止一个。

82. 【答案】AD 【解析】本题考查长期股权投资的减值。

（1）因为甲公司与乙公司在交易前不存在任何关联方关系，所以该项交易属于非同一控制下企业合并，其初始投资成本为购买日合并方支付的资产、承担的负债以及发行权益工具的公允价值之和。因此，该长期股权投资的初始入账价值 = 6 000 + 3 600 = 9 600 （万元），选项A正确。

（2）由于甲公司取得乙公司股权采用的是合并方式，所以后续计量应当采用成本法。成本法下，被投资方无论盈亏，投资方均不确认损益，仅在被投资方宣告发放现金股利时，才确认"投资收益"。因此，2×22年12月31日，投资收益的影响金额 = 600 × 4 ÷ 12 × 80% = 160 （万元），选项B错误。

（3）2×22年12月31日，该长期股权投资的账面价值 = 6 000 + 3 600 = 9 600 （万元）；当日，甲公司预计该长期股权投资的可回收金额为10 000万元，未发生减值损失。因此，应确认"资产减值损失"的金额为0，选项C错误。

(4) 2×22 年 9 月，利润表中"营业利润"项目的影响金额 = [6 000 − (7 500 − 2 500)] + (3 600 − 2 500) = 2 100（万元），选项 D 正确。

83. 【答案】× 【解析】在评估投资方对被投资单位是否具有重大影响时，应当考虑潜在表决权的影响，但在确定应享有的被投资单位实现的净损益、其他综合收益和其他所有者权益变动的份额时，潜在表决权所对应的权益份额不应予以考虑。

84. 【答案】× 【解析】本题考查长期股权投资的处置。企业通过多次交易分步处置对子公司股权投资直至丧失控制权，如果上述交易属于"一揽子"交易的，应当将各项交易作为一项处置子公司股权投资并丧失控制权的交易进行会计处理；但是，在丧失控制权之前每一次处置价款与所处置的股权对应的长期股权投资账面价值之间的差额，在个别财务报表中，应当先确认为其他综合收益，到丧失控制权时再一并转入丧失控制权的当期损益。

刷通关

85. 【答案】A 【解析】本题考查长期股权投资的初始计量——非同一控制下企业合并。非同一控制下企业合并，长期股权投资初始投资成本 = 1 500 × 6 = 9 000（万元），选项 A 正确。

会计分录如下：

借：长期股权投资	9 000
贷：股本	1 500
资本公积——股本溢价	7 500
借：资本公积——其他资本公积	300
贷：银行存款	300

86. 【答案】D 【解析】本题考查权益法——投资损益的确认。

(1) 2×23 年度乙公司调整后的净利润 = 300 − 100 × 60% = 240（万元）；

(2) 2×23 年度甲公司对乙公司股权应确认投资收益的金额 = 240 × 20% = 48（万元）。

选项 D 正确。

【提示】由于甲公司持有乙公司的有表决权的股份为 20%，仅能对其施加重大影响。因此，后续计量时，甲公司应采用权益法。权益法下，乙公司分派现金股利，甲公司应确认"应收股利"的同时，贷记"长期股权投资——损益调整"科目，因此，该业务不影响损益。

会计分录如下：

借：应收股利	10
贷：长期股权投资——损益调整	10

87. 【答案】D 【解析】本题考查长期股权投资的处置。甲公司处置该项股权投资应

确认的相关投资收益 = 1 200 – 1 100 + 100 = 200（万元），选项 D 正确。

会计分录如下：

借：银行存款   1 200
    贷：长期股权投资——投资成本   700
              ——损益调整   300
              ——其他综合收益   100
        投资收益   100
借：其他综合收益   100
    贷：投资收益   100

88.【答案】AB 【解析】本题考查长期股权投资的后续计量——权益法（初始投资成本的调整）。非企业合并取得的长期股权投资，应以初始投资成本与投资日享有的被投资方可辨认净资产公允价值的份额中较高者进行计量，选项 C 错误；非同一控制下的企业合并中的长期股权投资应以支付资产、承担负债以及发行权益工具的公允价值作为初始入账价值，选项 D 错误。

89.【答案】AC 【解析】本题考查长期股权投资的后续计量——权益法（被投资单位其他综合收益变动的处理）。

（1）长期股权投资的初始投资成本 = 800 + 10 – 100×20% = 790（万元）。

（2）投资日享有的乙公司可辨认净资产公允价值的份额 = 5 000×20% = 1 000（万元）。

由于长期股权投资的初始投资成本小于投资日享有的乙公司可辨认净资产公允价值的份额，应将投资日享有的乙公司可辨认净资产公允价值的份额作为该长期股权投资的初始入账价值。所以，"长期股权投资——投资成本"的增加额 = 1 000 万元，选项 A 正确。

（3）"营业外收入"的增加额 = 1 000 – 790 = 210（万元），选项 B 错误。

（4）"投资收益"的增加额 = 600×3/12×20% = 30（万元），选项 C 正确。

（5）因为乙公司于 9 月因持有其他债权投资的公允价值变动计入其他综合收益的金额为 50 万元，而甲公司 2×23 年 10 月取得长期股权投资，所以，甲公司在 2×23 年不应确认"其他综合收益"的金额，选项 D 错误。

90.【答案及解析】

（1）①长期股权投资的初始投资成本 = 5 950 + 50 = 6 000（万元）；

②当日甲公司享有乙公司可辨认净资产公允价值份额 = 32 000×20% = 6 400（万元）；

因为甲公司该长期股权投资的初始投资成本 6 000 万元小于投资时应享有的乙公司可辨认净资产公允价值份额 6 400 万元，应按其差额 400 万元（6 400 – 6 000）调整长期股权投资的初始投资成本。

③会计分录：

借：长期股权投资——投资成本   6 400

贷：银行存款   6 000

    营业外收入   400

（2）①乙公司调整后的净利润 = 3 000 - （450 - 300） = 2 850（万元）；

②甲公司 2×20 年度对乙公司股权投资应确认的投资收益 = 2 850×20% = 570

（万元）；

③会计分录：

借：长期股权投资——损益调整   570

    贷：投资收益   570

（3）①2×21 年 5 月 10 日：

借：应收股利   100

    贷：长期股权投资——损益调整   100

②2×21 年 5 月 15 日：

借：银行存款   100

    贷：应收股利   100

（4）①2×21 年度乙公司调整后的净利润 = 1 800 + （450 - 300） = 1 950（万元）；

②甲公司 2×21 年度对乙公司股权投资应确认的投资收益 = 1 950×20% = 390

（万元）；

③会计分录：

借：长期股权投资——损益调整   390

    贷：投资收益   390

91.【答案及解析】

（1）①甲公司取得乙公司股权的成本 = 820 - 20 + 20 = 820（万元）；

②会计分录：

借：其他权益工具投资——成本   820

    应收股利   20

    贷：银行存款   840

（2）会计分录如下：

借：银行存款   20

    贷：应收股利   20

（3）会计分录如下：

借：其他权益工具投资——公允价值变动   80

    贷：其他综合收益   80

（4）①甲公司取得乙公司股权的成本 = 750 + 1 050 + 980 = 2 780（万元）；

②甲公司享有乙公司可辨认净资产公允价值的份额 = 12 000×25% = 3 000

（万元）；

③因为甲公司取得乙公司股权的成本小于享有乙公司可辨认净资产公允价值的份额，所以该长期股权投资的初始入账价值为 3 000 万元。

④会计分录：

借：固定资产清理		600
累计折旧		400
贷：固定资产		1 000
借：长期股权投资——成本		2 780
累计摊销		800
贷：固定资产清理		600
无形资产		1 600
其他权益工具投资——成本		820
——公允价值变动		80
资产处置损益		400
盈余公积——法定盈余公积		8
利润分配——未分配利润		72
借：长期股权投资——成本		220
贷：营业外收入		220
借：其他综合收益		80
贷：盈余公积——法定盈余公积		8
利润分配——未分配利润		72

（5）会计分录如下：

借：长期股权投资——损益调整		450
贷：投资收益		450
借：长期股权投资——其他综合收益		50
贷：其他综合收益		50

（6）①甲公司购入乙公司股权属于非同一控制企业合并。

②理由：甲公司与乙公司在交易前不存在关联关系，所以甲公司购入乙公司股权属于非同一控制企业合并。

③甲公司购入乙公司股权的成本 = 500 + 2 750 + 3 000 + 450 + 50 = 6 750（万元）

④会计分录：

借：长期股权投资		6 750
贷：长期股权投资——成本		3 000
——损益调整		450
——其他综合收益		50
其他业务收入		2 750
银行存款		500
借：其他业务成本		2 000
公允价值变动损益		600
贷：投资性房地产——成本		2 000

$$——公允价值变动\qquad\qquad\qquad 600$$

（7）①甲公司处置乙公司股权属于"一揽子"交易。

②理由：甲公司处置乙公司股权是出于集中力量发展优势业务，剥离辅业的考虑，甲公司的目的是全部处置其持有的乙公司股权，两次处置交易结合起来才能达到其商业目的；

两次交易在同一转让协议中同时约定：在第一次交易中，30%股权的对价为2 500万元，相对于80%股权的对价总额7 000万元而言，第一次交易单独来看对丙公司而言并不经济，与第二次交易一并考虑才反映真正的经济影响，此外，如果在两次交易期间乙公司进行了利润分配，也将据此调整对价，说明两次交易是在考虑了彼此影响的情况下订立的。

综上所述，在合并财务报表中，两次交易应作为"一揽子"交易，按照分步处置子公司股权至丧失控制权并构成"一揽子"交易的相关规定进行会计处理。

③会计分录：

a. 2×22年9月30日：

借：银行存款	2 400	
贷：长期股权投资		2 250
其他综合收益		150

b. 2×22年12月31日：

借：银行存款	4 600	
贷：长期股权投资		4 500
投资收益		100
借：其他综合收益	150	
贷：投资收益		150

【提示】企业通过多次交易分步处置对子公司股权投资直至丧失控制权，如果上述交易属于"一揽子"交易的，应当将各项交易作为一项处置子公司股权投资并丧失控制权的交易进行会计处理；但是，在丧失控制权之前每一次处置价款与所处置的股权对应的长期股权投资账面价值之间的差额，在个别财务报表中，应当先确认为其他综合收益，到丧失控制权时再一并转入丧失控制权的当期损益。

第七章　资产减值

刷基础

92. 【答案】D 【解析】本题考查资产可收回金额计量的基本要求。资产存在可能发生减值迹象的，企业应当进行减值测试，估计可收回金额，当可回收金额低于账面价值的，才应当按照可回收金额低于账面价值的差额，计提减值准备，选项A错误；资产的可收回金额，应当根据资产的公允价值减去处置费用后的净额与资产预计未来现金流量的现值两者之间较高者确定，选项B、C错误。

93. 【答案】D 【解析】本题考查资产预计未来现金流量现值的确定——资产未来现金流量现值的确定。

(1) 计算未来现金流量现值时应当采用与该设备改良无关的未来现金流量，选项A错误。

(2) 由于该设备的未来现金流量780万元小于其账面价值800万元，所以应确认的减值损失的金额 = 800 - 780 = 20（万元），选项B错误。

(3) 企业无法可靠估计资产的公允价值减去处置费用后的净额的，应当以该资产预计未来现金流量的现值作为其可收回金额，选项C错误。

94. 【答案】√ 【解析】本题考查资产组减值测试。资产组发生减值时，应当首先抵减分摊至资产组中商誉的账面价值。

95. 【答案】× 【解析】本题考查资产预计未来现金流量现值的确定——折现率的预计。预计资产未来现金流量现值采用的折现率是建立在所得税前的基础上，预计资产未来现金流量也应当以所得税前为基础，所以应当是税前利率。

刷提高

96. 【答案】D 【解析】本题考查资产预计未来现金流量现值的确定。期望现金流量法下是根据每期现金流量期望值按照各种可能情况下的现金流量乘以相应的发生概率加总计算。因此，该设备未来一年预计产生的现金流量 = 100 × 40% + 80 × 30% + 60 × 30% = 82（万元），选项D正确。

97. 【答案】B 【解析】本题考查资产组减值测试。

(1) 根据《企业会计准则第8号——资产减值》的规定，资产的可收回金额，应当根据资产的公允价值减去处置费用后的净额与资产预计未来现金流量的现值两者之间较高者确定。

①该资产组公允价值减去处置费用后的净额 = 2 100 万元。

②该资产组预计未来现金流量的现值 = 2 200 万元。

③因为该资产组的公允价值减去处置费用后的净额 2 100 万元小于预计未来现金流量的现值 2 200 万元，所以该资产组的可回收金额为 2 200 万元，选项 C 错误。

④该资产组应确认的资产减值损失 = (2 100 + 700) - 2 200 = 600（万元）。选项 D 错误。

(2) 固定资产按账面价值所占比重分摊的减值损失金额 = 600 × 700/(2 100 + 700) = 150（万元），但是分摊该损失金额后，该固定资产的账面价值为 550 万元，低于其可收回金额 560 万元，所以，该固定资产应分摊的减值损失金额 = 700 - 560 = 140（万元），选项 A 错误。

(3) 无形资产应确认的减值损失 = 600 - 140 = 460（万元），选项 B 正确。

98. 【答案】 ×　【解析】本题考查资产预计未来现金流量现值的确定——外币未来现金流量及其现值的确定。预计资产的未来现金流量如果涉及外币，应将该外币现值按照计算资产未来现金流量现值当日的即期汇率进行折算，从而折算成按照记账本位币表示的资产未来现金流量的现值。

刷易错

99. 【答案】 C　【解析】本题考查资产减值的概念及范围。《企业会计准则第 8 号——资产减值》准则规范的七项资产一旦提取了减值准备，不得在其处置前转回，选项 C 正确。

【补充】《企业会计准则第 8 号——资产减值》准则的适用范围：(1) 长期股权投资；(2) 成本模式后续计量的投资性房地产；(3) 固定资产；(4) 生产性生物资产；(5) 油气资产（探明石油天然气矿区权益和井及相关设施）；(6) 无形资产；(7) 商誉。

【注意】计提的减值可以通过所有者权益转回的是其他债权投资。

100. 【答案】 C　【解析】本题考查资产减值的概念及范围。(1) 应收账款和库存商品计提的减值准备，后期可以通过"资产减值损失"转回，属于通过损益转回，选项 A、B 错误。(2) 固定资产的减值准备一经计提，后期不得转回，选项 D 错误。

101. 【答案】 BD　【解析】本题考查资产可能发生减值的迹象。资产即使未出现减值迹象，至少每年年末进行减值测试的有：(1) 使用寿命不确定的无形资产；(2) 尚未达到可使用状态的无形资产；(3) 商誉。选项 B、D 正确。

刷通关

102. 【答案】B 【解析】本题考查资产减值损失的确定及账务处理。

（1）2×23 年 12 月 31 日，该设备的账面价值 = 200 − 90 − 20 − 2 = 88（万元）；

（2）预计可收回金额 = 85 万元。

通过比对可知，2×23 年 12 月 31 日该设备的可回收金额低于其账面价值，所以应计提减值准备金额 = 88 − 85 = 3（万元），选项 B 正确。

103. 【答案】ABD 【解析】本题考查资产预计未来现金流量现值的确定。在预计未来现金流量时，企业应当以资产的当前状况为基础，不应当包括与将来可能会发生的、尚未作出承诺的重组事项或者与资产改良有关的预计未来现金流量，选项 C 错误。

【补充】预计资产未来现金流量应当包括的内容：

（1）资产持续使用过程中预计产生的现金流入；

（2）为实现资产持续使用过程中产生的现金流入所必需的预计现金流出（包括为使资产达到预定可使用状态所发生的现金流出）；

（3）资产使用寿命结束时，处置资产所收到或者支付的净现金流量。

【提示】处置费用是指可以直接归属于资产处置的增量成本，包括与资产处置有关的法律费用、相关税费、搬运费以及为使资产达到可销售状态所发生的直接费用等，但是财务费用和所得税费用等不包括在内。

104. 【答案】× 【解析】本题考查资产减值的概念及范围。企业合并所形成的商誉，至少应当在每年年度终了进行减值测试。

105. 【答案及解析】

（1）①M 生产线包含总部资产的账面价值 = 80 + 40 = 120（万元），可收回金额是 140 万元，未发生减值。

②P 生产线包含总部资产的账面价值 = 120 + 60 = 180（万元），可收回金额是 150 万元，应确认的减值损失金额 = 180 − 150 = 30（万元）。

③V 生产线包含总部资产的账面价值 = 150 + 100 = 250（万元），可收回金额是 200 万元，应确认的减值损失金额 = 250 − 200 = 50（万元）。

（2）办公楼应确认的减值损失金额 = 30 × 60/(120 + 60) + 50 × 100/(100 + 150) = 30（万元）。

会计分录如下：

借：资产减值损失　　　　　　　　　　　　　　　　　　　　　30

　　贷：固定资产减值准备　　　　　　　　　　　　　　　　　　　　　30

（3）①P 生产线应确认的减值损失金额 = 30 × 120/(120 + 60) = 20（万元）；

②E 设备应分摊的减值损失金额 = 20 × 48/120 = 8（万元），大于该设备的最大减值额 4 万元，因此 E 设备应确认的减值损失金额为 4 万元；

③F 设备应确认的减值损失金额 = 20 − 4 = 16（万元）。

第八章　金融资产和金融负债

刷基础

106.【答案】C【解析】本题考查金融资产分类——企业管理金融资产的业务模式。企业持有金融资产的目的是交易性的或者基于金融资产的公允价值作出决策并对其进行管理，在这种情况下，企业管理金融资产的目标是通过出售金融资产以取得现金流量，选项C正确。

107.【答案】D【解析】本题考查金融负债的分类。

除下列各项外，企业应当将金融负债分类为以摊余成本计量的金融负债：

（1）以公允价值计量且其变动计入当期损益的金融负债，包括交易性金融负债（含属于金融负债的衍生工具）和指定为以公允价值计量且其变动计入当期损益的金融负债。

（2）不符合终止确认条件的金融资产转移或继续涉入被转移金融资产所形成的金融负债。

（3）不属于上述（1）或（2）情形的财务担保合同，以及不属于上述（1）情形的、以低于市场利率贷款的贷款承诺。

在非同一控制下的企业合并中，企业作为购买方确认的或有对价形成金融负债的，该金融负债应当按照以公允价值计量且其变动计入当期损益进行会计处理。

108.【答案】D【解析】本题考查金融资产分类——不同类金融资产之间的重分类。

以下情形不属于业务模式变更：

（1）企业持有特定金融资产的意图改变。企业即使在市场状况发生重大变化的情况下改变对特定资产的持有意图，也不属于业务模式变更。

（2）金融资产特定市场暂时性消失从而暂时影响金融资产出售。

（3）金融资产在企业具有不同业务模式的各部门之间转移。

109.【答案】√

刷提高

110.【答案】A【解析】本题考查金融资产的初始计量、金融资产的后续计量。该债券投资对甲公司2×23年营业利润的影响金额=2 000×5%-20=80（万元），选项 A 正确。

会计分录如下：

(1) 2×23 年 1 月 1 日：

借：其他债权投资——成本 2 000

　贷：银行存款 2 000

(2) 2×23 年 12 月 31 日：

借：其他债权投资——应计利息 100

　贷：投资收益 100

借：银行存款 100

　贷：其他债权投资——应计利息 100

借：其他综合收益 30

　贷：其他债权投资——公允价值变动 30

借：信用减值损失 20

　贷：其他综合收益 20

111. 【答案】CD 【解析】本题考查金融资产分类——金融资产的具体分类。选项 A，应分类为以摊余成本计量的金融资产；选项 B，应分类为以公允价值计量且其变动计入其他综合收益的金融资产。

112. 【答案】√ 【解析】本题考查指定为以公允价值计量且其变动计入其他综合收益的非交易性权益工具投资的账务处理。指定为以公允价值计量且其变动计入其他综合收益的非交易性权益工具投资，因采用公允价值计量，所以不需要计提减值准备。

刷易错

113. 【答案】BCD 【解析】本题考查金融资产和金融负债的后续计量——金融负债的后续计量。发行一般公司债券的发行费用应计入发行债券的初始成本，选项 A 错误。

114. 【答案】ABD 【解析】本题考查金融资产的后续计量——以公允价值计量且其变动计入其他综合收益的金融资产。

(1) 其他债权投资的初始入账价值 = 1 250 - 250 = 1 000（万元），选项 A 正确。

(2) 2×22 年应分摊的摊余成本 = 1 000 × 10% - 1 250 × 4.72% = 41（万元），选项 B 正确。

(3) 2×23 年应分摊的摊余成本 = (1 000 + 41) × 10% - 1 250 × 4.72% = 45（万元）；

2×23 年 12 月 31 日分摊完摊余成本的其他债权投资的价值 = 1 200 + 45 = 1 245（万元）；

2×23 年 12 月 31 日，其他债权投资的公允价值 = 1 300 万元；

所以，2×23 年 12 月 31 日应确认的其他综合收益的金额 = 1 300 – 1 245 = 55（万元），选项 C 错误。

（4）2×23 年 12 月 31 日，其他债权投资的账面价值 = 1 300 万元，选项 D 正确。

相关会计分录如下：

①2×22 年 1 月 1 日，购入 A 公司债券：

借：其他债权投资——成本	1 250
贷：银行存款	1 000
其他债权投资——利息调整	250

②2×22 年 12 月 31 日，确认乙公司债券实际利息收入、公允价值变动，收到债券利息：

借：其他债权投资——应计利息	59
——利息调整	41
贷：投资收益	100
借：银行存款	59
贷：其他债权投资——应计利息	59
借：其他债权投资——公允价值变动	159
贷：其他综合收益	159

③2×23 年 12 月 31 日，确认乙公司债券实际利息收入、公允价值变动，收到债券利息：

借：其他债权投资——应计利息	59
——利息调整	45
贷：投资收益	104
借：银行存款	59
贷：其他债权投资——应计利息	59
借：其他债权投资——公允价值变动	55
贷：其他综合收益	55

115.【答案】√　【解析】本题考查金融负债的分类。除下列各项外，企业应当将金融负债分类为以摊余成本计量的金融负债：

（1）以公允价值计量且其变动计入当期损益的金融负债，包括交易性金融负债（含属于金融负债的衍生工具）和指定为以公允价值计量且其变动计入当期损益的金融负债。

（2）不符合终止确认条件的金融资产转移或继续涉入被转移金融资产所形成的金融负债。

（3）不属于上述（1）或（2）情形的财务担保合同，以及不属于上述（1）情形的、以低于市场利率贷款的贷款承诺。

【注意】企业对金融负债的分类一经确定，不得变更。

116.【答案】×　【解析】本题考查金融负债的分类。企业对金融负债的分类一经确定，不得变更。

刷通关

117. 【答案】B 【解析】本题考查金融资产的后续计量——以摊余成本计量的金融资产。2×23年12月31日，该债券投资的账面价值 = 1 947 + (1 947 × 6% − 2 000 × 5%) = 1 963.82（万元），选项B正确。

会计分录如下：

(1) 2×23年1月1日，甲公司购入债券：

借：债权投资——成本　　　　　　　　　　　　　2 000

　　贷：银行存款　　　　　　　　　　　　　　　　　　　1 947

　　　　债权投资——利息调整　　　　　　　　　　　　　　53

(2) 2×23年12月31日：

借：债权投资——应计利息　　　　　　　　　　　100

　　　　　　　——利息调整　　　　　　　　　　16.82

　　贷：投资收益　　　　　　　　　　　　　　　　　　116.82

118. 【答案】ABC 【解析】本题考查金融资产的后续计量——金融资产之间重分类的会计处理。出售指定为以公允价值计量且其变动计入其他综合收益的非交易性权益工具投资，应将之前计入其他综合收益的累计利得或损失从其他综合收益转入留存收益，选项D错误。

119. 【答案】× 【解析】本题考查金融负债的后续计量。甲公司经批准在全国银行间债券市场公开发行的1年内到期的短期融资券，属于交易性金融负债，应当按照公允价值进行后续计量。

120. 【答案及解析】

(1) 借：其他权益工具投资——成本　　　　　　　2 000

　　　　贷：银行存款　　　　　　　　　　　　　　　　　2 000

(2) ①2×23年4月10日，甲公司确认应收股利：

借：应收股利　　　　　　　　　　　　　　　　100

　　贷：投资收益　　　　　　　　　　　　　　　　　100

②2×23年4月20日，甲公司收到乙公司发放的现金股利：

借：银行存款　　　　　　　　　　　　　　　　100

　　贷：应收股利　　　　　　　　　　　　　　　　100

(3) 借：其他综合收益　　　　　　　　　　　　　150

　　　　贷：其他权益工具投资——公允价值变动　　　　　150

(4) 甲公司2×23年8月10日对乙公司长期股权投资的初始投资成本 = 2 200 + 5 500 = 7 700（万元）。

确认长期股权投资的初始入账价值：

①投资日，甲公司占有的乙公司可辨认净资产公允价值的份额 = 110 000 × 7% = 7 700（万元）。

②通过比较，该长期股权投资的初始投资成本与投资日占有的乙公司可辨认净资产公允价值的份额相等，因此，无须调整入账价值。

会计分录如下：

借：长期股权投资	7 700	
其他权益工具投资——公允价值变动	150	
贷：其他权益工具投资——成本		2 000
银行存款		5 500
利润分配——未分配利润		350

第九章　职工薪酬

121.【答案】A 【解析】设定提存计划是指企业向单独主体缴存固定费用后，不再承担进一步支付义务的离职后福利计划。

122.【答案】ABC 【解析】选项D不正确，利润分享计划虽然与企业经营业绩挂钩，但是由于职工提供服务而产生的，因此，企业应当将利润分享作为费用处理或计入资产成本，不能作为净利润的分配。

123.【答案】√ 【解析】本题考查短期利润分享计划的确认和计量。企业根据经营业绩或职工贡献等情况提取的奖金，属于奖金计划，应当比照短期利润分享计划进行会计处理。

124.【答案】C 【解析】重新计量设定受益计划净负债或净资产变动导致的变动，应当计入其他综合收益，选项C正确。

125.【答案】BC 【解析】本题考查职工薪酬的确认和计量——辞退福利。对总部管理层实施短期利润分享计划时，应将当期利润分享金额计入管理费用，选项A错误；对生产工人实行累积带薪缺勤制度时，应将累积未行使权利而增加的预期支付金额计入生产成本，选项D错误。

126.【答案】× 【解析】实施职工内部退休计划的，应当按照内退计划规定，将自职工停止提供服务日至正常退休日期间、企业拟支付的内退职工工资和缴纳的社会保险费等，确认为应付职工薪酬，一次性计入当期损益，不能在职工内退后各期分期确认因支付内退职工工资和为其缴纳社会保险费等产生的义务。

127.【答案】B 【解析】本题考查职工薪酬的确认和计量——短期利润分享。甲公司实施的奖金计划属于短期利润分享计划，受益对象为甲公司的管理层，所以应将其计入管理费用，选项 B 正确。

128.【答案】AD 【解析】本题考查职工薪酬的确认和计量——辞退福利。辞退员工需支付的补偿，不区分部门，一律通过"管理费用"科目核算，选项 A 正确；内退职工的工资，应当比照辞退福利处理，选项 B 错误；生活困难职工的补助，应根据受益对象计入当期损益或成本中，选项 C 错误；产品生产工人的工资，应当计入生产成本，选项 D 正确。

129.【答案】× 【解析】本题考查辞退福利的确认和计量。企业实施职工内部退休计划的，在其正式退休之前应当比照辞退福利处理，在其正式退休之后，应当按照离职后福利处理。

刷通关

130.【答案】C 【解析】本题考查一般短期薪酬的确认和计量。该事项对甲公司 2×23 年营业利润的影响金额 $= (50 \times 0.6 - 50 \times 0.4) - 50 \times 0.6 \times (1 + 13\%) = -23.9$（万元），选项 C 正确。

会计分录如下：

借：管理费用	33.9	
贷：应付职工薪酬		33.9
借：应付职工薪酬	33.9	
贷：主营业务收入		30
应交税费——应交增值税（销项税额）		3.9
借：主营业务成本	20	
贷：库存商品		20

131.【答案】ABCD 【解析】本题考查一般短期薪酬的确认和计量、辞退福利的确认和计量。

（1）企业实施职工内部退休计划的，在其正式退休之前应当比照辞退福利处理，在其正式退休之后，应当按照离职后福利处理，选项 A 正确。

（2）企业为职工缴纳的医疗保险费、工伤保险费等社会保险费和住房公积金，以及按规定提取的工会经费和职工教育经费，应当在职工为其提供服务的会计期间，根据规定的计提基础和计提比例计算确定相应的职工薪酬金额，确认相关负债，按照受益对象计入当期损益或相关资产成本，选项 B 正确。

（3）企业应当在职工提供了服务从而增加了其未来享有的带薪缺勤权利时，确认与累积带薪缺勤相关的职工薪酬，并以累积未行使权利而增加的预期支付金额计量，选项 C 正确。

（4）企业应当在职工实际发生缺勤的会计期间确认与非累积带薪缺勤相关的职工薪酬，即视同职工出勤确认的当期费用或相关资产成本，选项 D 正确。

132. 【答案及解析】

(1) 甲公司对工资薪酬的账务处理：

借：生产成本　　　　　　　　　　　　　　　　　　　150
　　制造费用　　　　　　　　　　　　　　　　　　　　5
　　管理费用　　　　　　　　　　　　　　　　　　　10
　　研发支出　　　　　　　　　　　　　　　　　　　　9
　　　贷：应付职工薪酬——工资　　　　　　　　　　　　　174

注：生产工人病假工资0.8万元属于非累积带薪缺勤，企业应当在职工实际发生缺勤的会计期间确认与非累积带薪缺勤相关的职工薪酬，故应计入生产成本的金额为150万元，而不是扣除病假工资后的149.2万元。

(2) 甲公司对基本养老保险（设定提存计划）账务处理：

借：生产成本　　　　　　　　　　　　　　　　　　　18
　　制造费用　　　　　　　　　　　　　　　　　　　0.6
　　管理费用　　　　　　　　　　　　　　　　　　　1.2
　　研发支出　　　　　　　　　　　　　　　　　　　1.08
　　　贷：应付职工薪酬——设定提存计划（基本养老保险）　20.88

(3) 累积带薪年假的账务处理：

甲公司在2×22年12月31日应当预计由于职工累积未使用的带薪年假权利而导致的预期支付的追加金额，相当于200天（100×2）的休假工资4万元（200×200/10 000），账务处理是：

借：生产成本（4×80%）　　　　　　　　　　　　　3.2
　　管理费用（4×20%）　　　　　　　　　　　　　0.8
　　　贷：应付职工薪酬——累积带薪缺勤　　　　　　　　4

(4) 公司高级管理人员按照当年税前利润的10%领取奖金报酬，本年度税前利润为250万元，应领取的奖金为25万元，账务处理如下：

借：管理费用　　　　　　　　　　　　　　　　　　　25
　　　贷：应付职工薪酬——奖金　　　　　　　　　　　　25

(5) 企业将生产的毛巾被作为福利发放给生产工人的账务处理：

借：生产成本　　　　　　　　　　　　　　　　　　5.65
　　　贷：应付职工薪酬——非货币性福利（5×1.13）　　5.65
借：应付职工薪酬——非货币性福利　　　　　　　　5.65
　　　贷：主营业务收入　　　　　　　　　　　　　　　　5
　　　　　应交税费——应交增值税（销项税额）（5×13%）　0.65
借：主营业务成本　　　　　　　　　　　　　　　　　4
　　　贷：库存商品　　　　　　　　　　　　　　　　　　4

(6) 企业为管理人员提供免费房租的账务处理：

借：管理费用　　　　　　　　　　　　　　　　　　　2

　　　　贷：应付职工薪酬——非货币性福利　　　　　　　　　　　2
　支付租赁住房的租金时：
　借：应付职工薪酬——非货币性福利　　　　　　　　　2
　　　　贷：银行存款　　　　　　　　　　　　　　　　　　　　2
　(7) 辞退福利的账务处理：
　借：管理费用　　　　　　　　　　　　　　　　　60
　　　　贷：应付职工薪酬——辞退福利　　　　　　　　　　　　60

第十章 股份支付

刷基础

133.【答案】D 【解析】本题考查股份支付的主要类型。

（1）向公司内部高层管理人员授予股票期权和向员工出售低于市场价值的限制性股票，属于以权益结算的股份支付。因此，选项A、B错误。

（2）向债权人定向发行股票抵偿债务，属于债务重组，不属于股份支付。因此，选项C错误。

（3）授予研发人员以预期股价相对于基准日股价的上涨幅度为基础支付奖励款的计划，是企业为获取服务而承担的以股份或其他权益工具为基础计算的交付现金义务的交易，属于以现金结算的股份支付。因此，选项D正确。

134.【答案】BD 【解析】本题考查股份支付条件的种类。企业对预计可行权情况的估计应考虑服务期限条件和非市场条件。因此，选项B、D正确。

刷提高

135.【答案】B 【解析】本题考查以权益结算的股份支付的会计处理。换取职工服务的股份支付采用以权益结算的股份支付的，企业应在等待期内的每个资产负债表日，以对可行权权益工具数量的最佳估计为基础，按照权益工具在授予日的公允价值，将当期取得的服务计入相关资产成本或当期费用，同时计入资本公积中的其他资本公积。因此，选项B正确。

136.【答案】√ 【解析】本题考查不同类型股份支付的会计处理。除立即可行权的股份支付外，无论是权益结算的股份支付还是现金结算的股份支付，企业在授予日均不作会计处理。

刷易错

137.【答案】C 【解析】本题考查股份支付的会计处理。甲公司该股份支付对 2×23 年营业利润的影响金额 $= (200 - 35) \times 100 \times 14 \times 1/3 = 77\,000$（元）。因此，选项

C 正确。

会计分录如下：

借：管理费用　　　　　　　　　　　　　　　　　　77 000

　　贷：应付职工薪酬　　　　　　　　　　　　　　　　77 000

138.【答案】× 【解析】本题考查以现金结算的股份支付的会计处理。对于以现金结算的股份支付，企业在可行权日之后不再确认成本费用，负债（即应付职工薪酬）公允价值的变动应当计入当期损益（即公允价值变动损益）。

刷通关

139.【答案】B 【解析】本题考查以权益结算的股份支付的会计处理。

（1）甲公司向管理人员授予股票期权属于以权益结算的股份支付。因此，选项 A 错误。

（2）除立即可行权的股份支付外，其他以权益结算的股份支付在授予日均不进行会计处理。因此，选项 C、D 错误，选项 B 正确。

140.【答案】× 【解析】本题考查股份支付的确认和计量原则。对于可行权条件为业绩条件的股份支付，在确定权益工具的公允价值时，应当考虑市场条件的影响，只要职工满足了其他所有非市场条件，企业就应当确认已取得的服务。

第十一章 借款费用

刷基础

141.【答案】B 【解析】 本题考查借款费用资本化期间的确定。

(1) 借款费用允许开始资本化必须同时满足以下三个条件：①资产支出已经发生；②借款费用已经发生；③为使资产达到预定可使用或者可销售状态所必要的购建或生产活动已经开始。

(2) 借款费用停止资本化时点：

①符合资本化条件的资产的实体建造（包括安装）或者生产活动已经全部完成或者实质上已经完成；

②所购建或者生产的符合资本化条件的资产与设计要求、合同规定或者生产要求相符或者基本相符，即使有极个别与设计、合同或者生产要求不相符的地方，也不影响其正常使用或者销售；

③继续发生在所购建或生产的符合资本化条件的资产上的支出金额很少或者几乎不再发生；

选项B正确。

142.【答案】ABCD 【解析】 本题考查借款费用资本化期间的确定。中断的原因必须是非正常中断，属于正常中断的，相关借款费用仍可资本化。非正常中断，通常是由于企业管理决策上的原因或者其他不可预见的原因等所导致的中断。如因与施工方发生了质量纠纷、工程或生产用料没有及时供应、资金周转发生了困难、施工或生产发生了安全事故、发生了与资产购建或生产有关的劳动纠纷等原因，导致资产购建或者生产活动发生的中断，均属于非正常中断。

143.【答案】× 【解析】 本题考查借款费用的范围。企业发生的权益性融资费用，不应包括在借款费用中。

刷提高

144.【答案】B 【解析】 本题考查借款利息资本化金额的确定。

(1) 一般借款的资本化率 = (4 000 ×8% ×9/12 + 3 000 ×6% ×4/12)/(4 000 × 9/12 + 3 000 ×4/12) ×100% = 7.5%；

（2）一般借款累计资产支出加权平均数 = 2 000 × 6/12 + 3 200 × 3/12 = 1 800（万元）；

（3）一般借款应予资本化金额 = 1 800 × 7.5% = 135（万元）；

（4）2×22 年一般借款计入财务费用的金额 = 4 000 × 8% × 9/12 + 3 000 × 6% × 4/12 − 135 = 165（万元）。

选项 B 正确。

145.【答案】×【解析】本题考查借款费用资本化期间的确定。符合资本化条件的资产在购建或者生产过程中发生非正常中断且中断时间连续超过 3 个月的，应当暂停借款费用的资本化。

刷易错

146.【答案】A【解析】本题考查借款利息资本化金额的确定。2×21 年专门借款利息应予资本化的金额 = 4 000 × 7% − (4 000 − 2500) × 0.25% × 9 = 246.25（万元），选项 A 正确。

147.【答案】×【解析】本题考查外币专门借款汇兑差额资本化金额的确定。在资本化期间内，外币专门借款本金及利息的汇兑差额，应当予以资本化；一般外币借款本金及利息的汇兑差额，在资本化期间内，不予以资本化。

刷通关

148.【答案】ABD【解析】本题考查借款费用资本化金额的确定。

（1）本题中，因为甲公司在固定资产建造期间，只发生一笔一般借款，所以该笔一般借款的资本化利率就是实际年利率 6.2%，选项 C 错误。

（2）甲公司 2×23 年一般借款资产支出加权平均数 = 1 000 × 12/12 + 1 500 × 6/12 = 1 750（万元），选项 D 正确。

（3）甲公司 2×23 年一般借款利息资本化金额 = 1 750 × 6.2% = 108.5（万元），选项 A 正确。

（4）甲公司 2×23 年一般借款利息费用化金额 = 3 000 × 6.2% − 108.5 = 77.5（万元），选项 B 正确。

149.【答案及解析】

（1）①1 月 1 日至 4 月 30 日，资本支出未发生，不满足资本化条件，不应资本化。

②因发生质量纠纷，该工程项目于 7 月 1 日至 10 月 31 日发生的中断，属于非正常中断，应暂停资本化；所以，甲公司 2×21 年度专门借款的资本化期间为 5 月 1 日至 6 月 30 日、11 月 1 日至 12 月 31 日。

③5 月 1 日至 6 月 30 日利息资本化金额 = 3 985.38 × 6.2% × 2/12 – 12 ≈ 29.18（万元）。

④11 月 1 日至 12 月 31 日利息资本化金额 = 3 985.38 × 6.2% × 2/12 – 4 ≈ 37.18（万元）。

所以，甲公司 2 × 21 年度专门借款的利息资本化金额 = 29.18 + 37.18 = 66.36（万元）。

【提示】借款费用开始资本化必须同时满足三个条件，即资产支出已经发生、借款费用已经发生、为使资产达到预定可使用或者可销售状态所必要的购建或者生产活动已经开始。

（2）①1 月 1 日，取得专门借款：

借：银行存款   3 985.38

   长期借款——利息调整   14.62

   贷：长期借款——本金   4 000

②12 月 31 日，计提利息和取得利息收入：

借：银行存款   52

   在建工程   66.36

   财务费用   128.73

   贷：长期借款——应计利息   240

       ——利息调整   7.09

③12 月 31 日，支付利息：

借：长期借款——应计利息   240

   贷：银行存款   240

（3）①2 × 22 年应确认的利息费用 = 4 000 × 6% +（14.62 – 7.09）= 247.53（万元）；

②2 × 22 年应予资本化计入在建工程的金额 = 247.53 × 10/12 ≈ 206.28（万元）；

③应计入财务费用的金额 = 247.53 – 206.28 = 41.25（万元）。

（4）①10 月 31 日，计提利息：

借：在建工程   206.28

   贷：长期借款——应计利息   200

       ——利息调整   6.28

②12 月 31 日，计提利息：

借：财务费用   41.25

   贷：长期借款——应计利息   40

       ——利息调整   1.25

③12 月 31 日：

借：长期借款——本金   4 000

   ——应计利息   240

   贷：银行存款   4 240

第十二章　或有事项

刷基础

150.【答案】CD 【解析】本题考查或有事项的确定。根据《企业会计准则第13号——或有事项》的规定，与或有事项有关的义务在同时符合以下三个条件时，应当确认为预计负债：

(1) 该义务是企业承担的现时义务；

(2) 履行该义务很可能导致经济利益流出企业；

(3) 该义务的金额能够可靠地计量。

选项C、D正确。

151.【答案】ABCD 【解析】本题考查或有事项的概念及其特征。或有事项，是指过去的交易或者事项形成的，其结果须由某些未来事项的发生或不发生才能决定的不确定事项。常见的或有事项包括：未决诉讼、未决仲裁、债务担保、产品质量保证（含产品安全保证)、亏损合同、重组义务、承诺、环境污染整治等，选项A、B、C、D正确。

【提示】或有事项作为一种不确定事项，是由企业过去的交易或者事项形成的，基于这一特征，未来可能发生的自然灾害、交通事故、经营亏损等事项，都不属于或有事项。

152.【答案】ABC 【解析】本题考查或有事项计量——预计负债的计量。企业在确定最佳估计数时应当综合考虑与或有事项有关的风险和不确定性、货币时间价值和未来事项等因素，选项A、B、C正确。

153.【答案】√ 【解析】本题考查或有负债。根据《企业会计准则第13号——或有事项》的规定，与或有事项有关的义务在同时符合以下三个条件时，应当确认为预计负债：

(1) 该义务是企业承担的现时义务；

(2) 履行该义务很可能导致经济利益流出企业；

(3) 该义务的金额能够可靠地计量。

本题中，因甲公司无法判断需要赔偿的金额，所以不应确认为预计负债，但属于或有事项。

154.【答案】× 【解析】本题考查或有事项的确认——该义务是企业承担的现时义务。法定义务是指因合同、法律法规等产生的义务，通常是企业在经济管理和经济协调中，依照经济法律法规的规定必须履行的责任。例如，企业与其他企业签订购货合同产生的义务就属于法定义务。

刷提高

155.【答案】B 【解析】本题考查或有事项会计处理原则的应用——亏损合同。

（1）履行合同发生的损失＝15＋15×（1＋40%）＋9－800×500/10 000＝5（万元）；

（2）不履行合同发生的损失＝800×500/10 000×20%＝8（万元）；

因为履行合同的损失小于不履行合同的损失，所以甲公司应将履行合同发生的损失确认为预计负债，金额为5万元，选项A错误；

会计分录如下：

借：营业外支出 5

  贷：预计负债 5

（3）2×22年5月，甲公司利润表中"利润总额"项目减少5万元，选项B正确；

（4）2×22年6月，甲公司"库存商品"增加＝15＋15×（1＋40%）＋9－5＝40（万元），选项C错误；

会计分录如下：

①产品完工入库：

借：库存商品 45

  贷：生产成本 45

②已确认的预计负债冲减产品成本：

借：预计负债 5

  贷：库存商品 5

（5）2×22年6月，甲公司资产负债表中"预计负债"项目的金额＝5－5＝0，选项D错误。

156.【答案】AD 【解析】本题考查或有负债。选项B、C，因不满足"很可能导致经济利益流出"这一条件，所以不能确认为预计负债。

157.【答案】ABC 【解析】本题考查或有负债和或有资产。

（1）或有事项，是指过去的交易或者事项形成的，其结果须由某些未来事件的发生或不发生才能决定的不确定事项。或有事项满足一定条件的情况下，需要确认预计负债或相关资产（即或有资产），选项A、B、C正确。

（2）基本确定可以收取的补偿属于确定事项，不属于或有事项，选项D错误。

158.【答案】√ 【解析】本题考查或有事项的计量——预计负债计量。企业对已经确认的预计负债在实际支出发生时，应当仅限于最初为之确定该预计负债的支出。

刷易错

159. 【答案】C 【解析】本题考查债务担保。甲公司该事项应确认的预计负债金额 = (1 900 + 2 100)/2 + 10 = 2 010（万元），选项 C 正确。

会计分录如下：

借：营业外支出	2 000	
管理费用	10	
贷：预计负债		2 010

160. 【答案】BCD 【解析】本题考查未决诉讼及未决仲裁。

（1）甲公司确认预计负债 = (110 + 130)/2 = 120（万元），选项 B 正确。

（2）对于预计收到的补偿金额，只能在基本确定能够收到时作为资产单独确认，且确认的补偿金额不应超过所确认负债的账面价值。因此，应确认其他应收款金额为 100 万元，同时，冲减营业外支出 100 万元，选项 C、D 正确。

会计分录如下：

借：营业外支出	20	
其他应收款	100	
贷：预计负债		120

161. 【答案】× 【解析】本题考查亏损合同。亏损合同存在标的资产的，应当对标的资产进行减值测试并按规定确认减值损失，如果预计亏损超过该减值损失，应将超过部分确认为预计负债。

刷通关

162. 【答案】A 【解析】本题考查或有事项的计量——预计负债计量。

（1）甲公司因产品质量问题被起诉需确认的预计负债 = (150 + 170)/2 = 160（万元）；

（2）甲公司咨询诉讼案后认为败诉的可能性为 40%，不是很可能，不应确认预计负债；

（3）2×23 年 12 月 31 日，甲公司应确认的预计负债的金额 = 160 + 0 = 160（万元），选项 A 正确。

163. 【答案】D 【解析】本题考查或有事项会计处理原则的应用——产品质量保证。

2×22 年 12 月 31 日，甲公司资产负债表中预计负债项目的金额 = 350 + 20 000 × 1.5% − 400 = 250（万元），选项 D 正确。

会计分录如下：

（1）确认产品质量保证负债金额：

借：销售费用 300
　　贷：预计负债 300
（2）发生产品质量保证费用：
借：预计负债 400
　　贷：银行存款 400

164.【答案】B 【解析】本题考查或有事项会计处理原则的应用——重组义务。支付职工赔偿金，应确认应付职工薪酬 2 000 万元，因撤销租赁合同支付违约金，应确认预计负债 300 万元，所以增加的负债金额 = 2 000 + 300 = 2 300（万元），选项 B 正确。

165.【答案】C 【解析】本题考查亏损合同。

（1）甲公司履行合同预计发生的损失 = （0.9 + 0.3 + 0.1）× 100 − 1 × 100 = 30（万元）。

（2）甲公司不履行合同预计支付的违约金 = 1 × 100 × 10% = 10（万元）。

因为，无论甲公司是否履行合同都会发生亏损，所以，该合同属于亏损合同。根据规定，亏损合同产生的义务满足预计负债确认条件的，应当确认为预计负债。预计负债的计量应当反映退出该合同的最低净成本，即履行该合同的成本与未能履行该合同而发生的补偿或处罚两者之中的较低者。

因此，甲公司应选择不履行合同。甲公司因该合同应确认的预计负债金额为 10 万元，选项 C 正确。

166.【答案】√ 【解析】本题考查或有负债。企业应当在资产负债表日对预计负债的账面价值进行复核。有确凿证据表明该账面价值不能真实反映当前最佳估计数的，应当按照当前最佳估计数对该账面价值进行调整。

167.【答案及解析】

（1）借：固定资产 1 000
　　　　应交税费——应交增值税（进项税额） 130
　　　　贷：应付账款 1 130

（2）①该未决诉讼案件应当确认为预计负债。

②理由：

a. 至 2×21 年末，人民法院尚未判决，甲公司法律顾问认为败诉可能性为 70%，满足履行该义务很可能导致经济利益流出企业的条件；

b. 预计支付诉讼费 5 万元，逾期利息在 20 万元至 30 万元之间，且这个区间内每个金额发生的可能性相同，满足该义务的金额能够可靠计量的条件；

c. 该义务同时是企业承担的现时义务。

预计负债的金额 = 5 + （20 + 30）/2 = 30（万元）。

借：营业外支出 25
　　管理费用 5
　　贷：预计负债 30

（3）①2×22 年 5 月 8 日：

借：预计负债   30

营业外支出   25

贷：其他应付款   55

②2×22 年 5 月 16 日：

借：其他应付款   55

贷：银行存款   55

借：应付账款   1 130

贷：银行存款   1 130

第十三章 收 入

刷基础

168.【答案】B 【解析】本题考查识别合同中的单项履约义务——企业向客户转让可明确区分商品（或者商品与服务的组合）的承诺。下列情形通常表明企业向客户转让该商品的承诺与合同中的其他承诺不可明确区分：

（1）企业需提供重大的服务以将该商品与合同中承诺的其他商品进行整合，形成合同约定的某个或某些组合产出转让给客户；

（2）该商品将对合同中承诺的其他商品予以重大修改或定制；

（3）该商品与合同中承诺的其他商品具有高度关联性。

选项 A、C、D 错误。

169.【答案】D 【解析】本题考查确定交易价格——可变对价。甲公司每台电视机的交易价格＝（3 500×40%＋3 300×30%＋3 200×20%＋3 000×10%）＝3 330（元），选项 D 正确。

170.【答案】BCD 【解析】本题考查识别与客户订立的合同——合同合并。企业与同一客户（或该客户的关联方）同时订立或在相近时间内先后订立的两份或多份合同，在满足下列条件之一时，应当合并为一份合同进行会计处理：

（1）该两份或多份合同基于同一商业目的而订立并构成"一揽子"交易，如一份合同在不考虑另一份合同对价的情况下将会发生亏损，选项 C 正确；

（2）该两份或多份合同中的一份合同的对价金额取决于其他合同的定价或履行情况，如一份合同发生违约，将会影响另一份合同的对价金额，选项 D 正确；

（3）该两份或多份合同中所承诺的商品（或每份合同中所承诺的部分商品）构成单项履约义务，选项 B 正确。

171.【答案】ABC 【解析】本题考查关于特定交易的会计处理——附有保证质量条款的销售。企业在评估一项质量保证是否在向客户保证所销售的商品符合既定标准之外提供了一项单独的服务时，应当考虑的因素包括：

（1）该质量保证是否为法定要求。当法律要求企业提供质量保证时该法律规定通常表明企业承诺提供的质量保证不是单项履约义务。

（2）质量保证期限。企业提供质量保证的期限越长，越有可能表明企业向客户提供了保证商品符合既定标准之外的服务，该质量保证越有可能构成单项履约义务。

（3）企业承诺履行任务的性质。如果企业必须履行某些特定的任务以保证所销售的商品符合既定标准（如企业负责运输被客户退回的瑕疵商品），则这些特定的任务可能不构成单项履约义务。

选项 A、B、C 正确。

172.【答案】×　【解析】尚未向客户履行转让商品的义务而已收或应收客户对价中的增值税部分，因不符合合同负债的定义，不应确认为合同负债。

刷提高

173.【答案】B　【解析】本题考查附有客户额外购买选择权的销售。

（1）甲公司 2×23 年 1 月销售商品分摊的交易价格 = 200 × 200/（200 + 50）= 160（万元）。

（2）甲公司 2×23 年 1 月积分分摊的交易价格 = 200 × 50/（200 + 50）= 40（万元）。

（3）甲公司 2×23 年 2 月已经兑换的积分对应确认收入 = 40 × 18/50 = 14.4（万元）。

选项 B 正确。

174.【答案】ABC　【解析】本题考查确定交易价格。

（1）2×22 年第一季度，甲公司预计乙公司全年的采购量不会超过 2 000 件，因此，甲公司应按照 80 元的单价确认收入（满足在不确定性消除后，累计已确认的收入将极可能不会发生重大转回的要求），因此，甲公司在第一季度应确认的收入金额 = 150 × 80 = 12 000（元），选项 A 正确。

（2）2×22 年第二季度，甲公司预计乙公司全年的采购量将超过 2 000 件，因此，甲公司应按照 70 元的单价确认收入，才满足极可能不会导致累计已确认的收入发生重大转回的要求，因此，甲公司在第二季度应确认的收入金额 = （1 000 + 150）× 70 – 12 000 = 68 500（元），选项 B 正确。

（3）甲公司前两个季度累计应确认的收入金额 = 12 000 + 68 500 = 80 500（元），选项 C 正确，选项 D 错误。

175.【答案】CD　【解析】本题考查合同取得成本。企业为取得合同发生的、除预期能够收回的增量成本之外的其他支出，如无论是否取得合同均会发生的差旅费、投标费、为准备投标资料发生的相关费用等，应当在发生时计入当期损益，除非这些支出明确由客户承担，选项 A、B 错误，选项 C 正确；甲公司为现有合同续约支付员工的提成 1.5 万元，也属于为取得合同而发生的增量成本，这是因为如果合同不发生续约，甲公司就不会支付相应的提成，由于该提成预期能够收回，所以甲公司应当在每次续约时将应支付的提成 1.5 万元确认为一项资产，选项 D 正确。

176.【答案】×　【解析】本题考查履行每一单项履约义务时确认收入——在某一时段

内履行的履约义务。本题中，游轮是按照乙公司的具体要求进行设计和建造的，甲公司需要发生重大的改造成本将该船舶改造之后才能将其出售给其他客户，因此，该船舶具有不可替代用途。然而，如果乙公司单方面解约，仅需向甲公司支付相当于合同总价30%的违约金，表明甲公司无法在整个合同期间内都有权就累计至今已完成的履约部分收取能够补偿其已发生成本和合理利润的款项。因此，甲公司为乙公司设计和建造船舶不属于在某一时段内履行的履约义务。

刷易错

177.【答案】B 【解析】本题考查交易价格——可变对价。甲公司按照期望估计应当提供40%的折扣 [即（20% + 60%）/2 = 40%]，确认的交易价格为60 000元，但是在本题中，甲公司还需考虑有关将可变对价计入交易价格的限制要求，以确定能否将估计的可变对价金额60 000元计入交易价格。由于甲公司M商品价格极易受到超出甲公司影响范围之外的因素（即M商品陈旧过时）的影响，并且为了提高该产品的周转率，甲公司可能需要提供的折扣范围也较广，因此，甲公司不能将该60 000元（即提供40%折扣之后的价格）计入交易价格，这是因为，将该金额计入交易价格不满足已确认的累计收入金额极可能不会发生重大转回的条件。

但是，根据当前市场情况，降价幅度达到15% ~ 50%，能够有效地提高M商品周转率，在以往的类似交易中，甲公司实际的降价幅度与当时市场信息基本一致。在这种情况下，尽管甲公司以往提供的折扣范围为20% ~ 60%，但是，甲公司认为，如果将50 000元（即提供50%折扣之后的价格）计入交易价格，已确认的累计收入金额极可能不会发生重大转回。因此，甲公司应当于2×22年11月11日将产品控制权转移给乙公司时，确认50 000元的收入，并在不确定性消除之前的每一资产负债表日重新评估该交易价格的金额，选项B正确。

178.【答案】AD 【解析】本题考查关于特定交易的会计处理——主要责任人和代理人。主要责任人或代理人的判断原则如下表所示。

项目	情形	结论
承诺的性质	企业承诺自行向客户提供特定商品	主要责任人
	企业承诺安排他人向客户提供特定商品	主要代理人
控制商品	企业的承诺是自行向客户提供该商品 [或委托另一方（含分包商）代其提供该商品]	主要责任人（选项A、D正确）
	企业在特定商品转让给客户之前不控制该商品的	主要代理人（选项B、C错误）

179. 【答案】AB 【解析】本题考查合同履约成本。提供给乙公司的美食创意方案而发生的成本支出和为丙公司进行美食方案推广测试发生的成本支出，因为与履行该合同直接相关，并且增加了该美食创意公司未来用于履行履约义务的资源，甲公司应将这些成本确认为一项资产，即合同履约成本，选项 A、B 正确；甲公司为丁公司进行美食方案推广而专门指派的员工工资支出，虽然与向丙公司提供服务有关，但是由于其并未增加企业未来用于履行履约义务的资源，因此，应当于发生时计入当期损益，选项 C 错误。履行为戊公司设计的美食方案而购买硬件的成本支出，应按照固定资产准则进行处理，选项 D 错误。

180. 【答案】× 【解析】本题考查履行每一单项履约义务时确认收入——在某一时段内履行的履约义务。不同的合同视为不同的履约义务，对于不同的合同来说，可以采用不同的方法来确定履约进度。对于某一项履约义务，企业只能采用一种方法来确定其履约进度，并加以一贯运用，即只对某项履约义务不能采用不同的方法确定其履约进度。

刷通关

181. 【答案】C 【解析】本题考查确定交易价格——合同中存在重大融资成分。合同中存在重大融资成分，融资应当分两种情况：一种是购货方向销售方融资，即购货方延期付款；另一种是销售方向购货方融资，即购货方提前付款。站在销售方的立场，前者需要确认"未确认融资收益"，后者需要确认"未确认融资费用"。所以上述业务甲公司应作的会计分录如下：

（1）2×22 年 10 月 1 日确认收入：

借：长期应收款　　　　　　　　　　　　　　466.56
　　贷：合同负债　　　　　　　　　　　　　　　400
　　　　未确认融资收益　　　　　　　　　　　　66.56

（2）2×22 年 12 月 31 日确认未确认融资收益：

借：未确认融资收益　　　　　　　　　　　　8
　　贷：财务费用　　　　　　　　　　　　　　　8

（3）2×23 年 12 月 31 日确认未确认融资收益：

借：未确认融资收益　　　　　　　　　　　　32.64
　　贷：财务费用　　　　　　　　　　　　　　　32.64

（4）2×24 年 9 月 30 日，交付货物：

借：银行存款　　　　　　　　　　　　　　466.56
　　未确认融资收益　　　　　　　　　　　　25.92
　　贷：长期应收款　　　　　　　　　　　　　466.56
　　　　财务费用　　　　　　　　　　　　　　25.92

选项 C 正确。

182.【答案】AD 【解析】本题考查合同履约成本。

（1）初始确认时摊销期限有可能超过一年或一个正常营业周期，选项 B 错误。

（2）合同履约成本计提的减值准备，以后期间可以转回，选项 C 错误。

183.【答案】× 【解析】本题考查确定交易价格——非现金对价。销售合同约定客户支付对价的形式为股票的，交易价格应以股票在合同开始日的公允价值确定；合同开始日后，股票公允价值的变动金额不应调整原交易价格。

184.【答案及解析】

（1）①属于合同变更；

②处理方法：合同变更作为单独合同进行会计处理。

③理由：该合同变更增加了 200 件 A 产品，售价每件 24 万元，并且新的售价 24 万元属于企业按照惯例向客户提供折扣而进行的调整，能够体现新增商品的单独售价。合同变更增加了可明确区分的商品及合同价款，且新增合同价款反映了新增商品单独售价的，合同变更部分作为单独合同进行会计处理。

④确认收入的方法：甲公司应对原合同中的 500 件产品，每件确认 25 万元的销售收入；对新合同中的 200 件产品，每件确认 24 万元的销售收入。

⑤确认收入的时点：应于交付商品时确认收入。

⑥理由：甲公司销售 A 商品属于在某一时点履行的履约义务，应于交付商品即商品的控制权转移给客户时确认收入。

⑦会计分录：

A. 2×22 年 7 月 10 日

借：银行存款 （25×500×20%）2 500

  贷：合同负债 2 500

B. 2×22 年 9 月 12 日

借：银行存款 （24×200×20%）960

  贷：合同负债 960

C. 2×22 年 12 月 10 日

借：银行存款

[25×500×80% + 24×200×80% + （25×500 + 24×200）×13%]16 089

  合同负债 3 460

  贷：主营业务收入 （25×500 + 24×200）17 300

    应交税费——应交增值税（销项税额） 2 249

（2）①乙公司购入产品的成本总额 = 500×25 + 200×24 + 200 + 20 + 5 = 17 525（万元）。

②乙公司购入产品的单位成本 = 17 525/（500 + 200）= 25.04（万元）。

（3）①甲公司与丙公司分别签订的采购大型机械设备及安装合同与对大型机械设备的重大修改合同，应当合并为一个合同。

②理由：甲公司与丙公司虽然分别签订了两份合同，但该两份合同基于同一商业目的而订立并构成"一揽子"交易，因此形成单项履约义务。

③该合并后的合同包含一项履约义务，即为丙公司提供大型机械设备并进行重大修改。

④理由：甲公司向丙公司转让的大型机械设备的承诺，与后续重大修改的承诺之间不可明确区分。

⑤甲公司与丙公司签订的服务合同为一份单独的合同。

⑥甲公司与丙公司签订的服务合同包含一项履约义务，即向丙公司提供设备后续维护服务。

185.【答案及解析】

（1）①乙公司为甲公司建造 A 酒店 2 期项目属于在某一时段履行的履约义务，应在履约的各个期间按照履约进度确认收入。

②理由：由于在甲公司所属土地上建造 A 酒店 2 期项目，在建造过程中甲公司能够控制乙公司在履约过程中在建的 A 酒店 2 期项目。

（2）①2×20 年应确认的收入 = 3 600/（3 600 + 8 400）× 16 000 = 4 800（万元）。

②2×21 年应确认的收入 = 10 800/（10 800 + 7 200）× 16 000 − 4 800 = 4 800（万元）。

③2×22 年应确认的收入 = 16 000 − 4 800 − 4 800 = 6 400（万元）。

（3）会计分录：

借：合同履约成本   （10 800 − 3 600）7 200
　　贷：原材料   （7 200 × 60%）4 320
　　　　应付职工薪酬   （7 200 × 40%）2 880

借：合同结算——收入结转   4 800
　　贷：主营业务收入   4 800

借：主营业务成本   7 200
　　贷：合同履约成本   7 200

确认预计损失金额 = [（10 800 + 7 200）− 16 000] × [1 − 10 800/（10 800 + 7 200）]
　　　　　　　　 = 800（万元）。

借：主营业务成本   800
　　贷：预计负债   800

借：应收账款   5 600
　　贷：合同结算——合同价款   5 600

借：银行存款   5 500
　　贷：应收账款   5 500

乙公司 2×21 年 12 月 31 日资产负债表中列示的项目名称为：合同负债。

"合同负债"的金额 = 4 800 − 4 800 + 5 600 − 4 800 = 800（万元）。

（4）A 酒店 2 期项目的实际成本 = 16 000 + （6 000/50 × 2.5）= 16 300（万元）。

第十四章　政府补助

186. 【答案】A 【解析】本题考查政府补助的定义及其特征。政府补助是指企业从政府无偿取得货币性资产或非货币性资产。政府补助主要形式包括政府对企业的无偿拨款、税收返还、财政贴息，以及无偿给予非货币性资产等，选项 A 正确；通常情况下，直接减征、免征、增加计税抵扣额、抵免部分税额等不涉及资产直接转移的经济资源，不适用政府补助准则，选项 B、D 错误；增值税出口退税，不属于政府补助，选项 C 错误。

187. 【答案】CD 【解析】本题考查政府补助的定义及其特征。甲企业将其位于市区的工业园区的原址用地移交给开发区政府收储，开发区政府为此向甲企业支付补偿资金 10 亿元。由于开发区政府对甲企业的搬迁补偿是基于甲企业原址用地的公允价值确定的，实质是政府按照相应资产的市场价格向企业购买资产，企业从政府取得的经济资源是企业让渡其资产的对价，双方的交易是互惠性交易，不符合政府补助无偿性的特点。因此，甲企业收到的 10 亿元搬迁补偿金不作为政府补助处理，而应作为处置非流动资产的收入，选项 C、D 正确。

188. 【答案】√ 【解析】本题考查与收益相关的政府补助。与收益相关的政府补助如果用于补偿企业已发生的相关成本费用或损失，企业应当将其直接计入当期损益（总额法）或冲减相关成本费用（净额法）。

189. 【答案】D 【解析】（1）甲公司该环保设备的初始入账价值 = 950 + 10 = 960（万元）；

（2）上述业务对甲公司 2×23 年营业利润的影响金额 = 600/10 × 8/12 - 960/10 × 8/12 = -24（万元），选项 D 正确。

（3）会计分录：

①2×23 年 4 月 15 日，收到政府补助：

借：银行存款　　　　　　　　　　　　　　　　　　　　　600

　　贷：递延收益　　　　　　　　　　　　　　　　　　　　　600

②2×23 年 4 月 16 日，购买环保设备：

借：在建工程　　　　　　　　　　　　　　　　　　950

　　贷：银行存款　　　　　　　　　　　　　　　　　　　950

③支付环保设备安装费：

借：在建工程　　　　　　　　　　　　　　　　　　　10

　　贷：银行存款　　　　　　　　　　　　　　　　　　　　10

④2×23 年 4 月 30 日，环保设备达到预定可使用状态：

借：固定资产　　　　　　　　　　　　　　　　　　960

　　贷：在建工程　　　　　　　　　　　　　　　　　　　960

⑤2×23 年，计提环保设备折旧额：

借：制造费用　　　　　　　　　　　　　　　　　　64

　　贷：累计折旧　　　　　　　　　　　　　　　　　　　64

由于甲公司当年生产的产品全部对外出售，因此该折旧费最终会转入"主营业务成本"科目，使甲公司 2×23 年营业利润的金额减少。

⑥2×22 年，分摊的递延收益：

借：递延收益　　　　　　　　　　　　　　　　　　40

　　贷：其他收益　　　　　　　　　　　　　　　　　　　40

190.【答案】BC 【解析】本题考查政府补助的定义及其特征。甲公司收到的财政补贴属于甲公司销售 W 产品收取对价的组成部分，应当确认为收入。所以上述业务对甲公司 2×22 年度利润表项目影响如下：

(1) 营业收入项目增加金额 = 8 000 + 1 500 = 9 500（万元），选项 A、D 错误；

(2) 营业成本项目增加金额 = 7 000 万元，选项 C 正确；

(3) 营业利润项目增加金额 = 9 500 – 7 000 = 2 500（万元），选项 B 正确。

刷易错

191.【答案】ABCD 【解析】本题考查与资产相关的政府补助。选项 A、B、C、D 正确。

192.【答案】√ 【解析】本题考查政府补助的会计处理方法。通常情况下，对同类或类似政府补助业务只能选用一种方法，同时，企业对该业务应当一贯地运用该方法，不得随意变更。

刷通关

193.【答案】B 【解析】本题考查与收益相关的政府补助。与收益相关的政府补助如果用于补偿企业已发生的相关成本费用或损失，企业应当将其直接计入当期损益或冲减相关成本费用，选项 A、C 错误；即征即退的增值税税款计入其他收益，选项 D 错误。

194. 【答案】AD 【解析】本题考查政府补助的定义及其特征——政府补助的定义。
(1) 政府补助的主要形式包括政府对企业的无偿拨款、税收返还、财政贴息，以及无偿给予非货币性资产等，选项 A、D 正确。
(2) 根据税法规定，在对出口货物取得的收入免征增值税的同时，退付出口货物前道环节发生的进项税额，增值税出口退税实际上是政府退回企业事先垫付的进项税，不属于政府补助，选项 B 错误。
(3) 增加计税抵扣额属于不涉及资产直接转移的经济资源，不适用政府补助准则，选项 C 错误。

195. 【答案】ABD 【解析】本题考查与收益相关的政府补助。收到拟用于 2×23 年度环保设备购置的补贴款，应通过"递延收益"科目核算，不影响 2×22 年当期损益，选项 C 错误。

196. 【答案】× 【解析】本题考查与收益相关的政府补助。与收益相关的政府补助如果用于补偿企业已发生的相关成本费用或损失，企业应当将其直接计入当期损益或冲减相关成本费用。

197. 【答案及解析】
(1) 此业务属于政府补助，会计分录如下：
借：银行存款　　　　　　　　　　　　　　　　　　　20
　　贷：其他收益　　　　　　　　　　　　　　　　　　20
(2) 此业务属于政府补助，会计分录如下：
借：银行存款　　　　　　　　　　　　　　　　　　　300
　　贷：递延收益　　　　　　　　　　　　　　　　　　300
(3) 会计分录如下：
借：固定资产　　　　　　　　　　　　　　　　　　　400
　　贷：银行存款　　　　　　　　　　　　　　　　　　400
(4) 此业务不属于政府补助，应按正常收入处理，相关会计分录如下：
借：银行存款　　　　　　　　　　　　　　　　　　　10
　　贷：主营业务收入　　　　　　　　　　　　　　　　10

198. 【答案及解析】
(1) 会计分录如下：
借：银行存款　　　　　　　　　　　　　　　　　　　12
　　贷：递延收益　　　　　　　　　　　　　　　　　　12
(2) 会计分录如下：
借：固定资产　　　　　　　　　　　　　　　　　　　60
　　贷：银行存款　　　　　　　　　　　　　　　　　　60

（3）2×21 年 7 月份应计提折旧的金额 = 60/5/12 = 1（万元），会计分录如下：

借：制造费用   1

　　贷：累计折旧   1

（4）2×21 年 7 月份应分摊政府补助的金额 = 12/5/12 = 0.2（万元），会计分录如下：

借：递延收益   0.2

　　贷：其他收益   0.2

（5）会计分录如下：

借：固定资产清理   48

　　累计折旧   12

　　贷：固定资产   60

借：营业外支出   48

　　贷：固定资产清理   48

尚未分摊的递延收益 = 12 - 12/5 = 9.6（万元），转销递延收益余额：

借：递延收益   9.6

　　贷：营业外收入   9.6

第十五章 非货币性资产交换

刷基础

199. 【答案】D 【解析】本题考查非货币性资产交换的认定。以库存商品换取土地使用权，不适用非货币性资产交换准则，选项A错误；以公允价值为170万元的长期股权投资换入公允价值为250万元的投资性房地产，并支付补价80万元，其中补价占交换资产价值的比重 = 80/(170 + 80) = 32% > 25%，不符合非货币性资产交换的条件，选项B错误；以摊余成本计量的应收票据属于货币性资产，所以该交易不属于非货币性资产交换，选项C错误；以公允价值为320万元的商标权换入公允价值为290万元的机器设备，并收到补价30万元，其中补价占交换资产价值的比重 = 30/320 = 9.37% < 25%，选项D正确。

200. 【答案】BCD 【解析】本题考查非货币性资产交换的会计处理——以公允价值为基础计量的非货币性资产交换的会计处理。对于换出资产，企业应当在终止确认换出资产时，将换出资产的公允价值与其账面价值之间的差额计入当期损益。计入当期损益的会计处理，视换出资产的类别不同而有所区别：

（1）换出资产为固定资产、在建工程、生产性生物资产和无形资产的，应当视同资产处置处理，计入当期损益部分通过"资产处置损益"科目核算，选项A错误；

（2）换出资产为投资性房地产的，按换出资产公允价值或换入资产公允价值确认其他业务收入，按换出资产账面价值结转其他业务成本，二者之间的差额计入当期损益，选项B正确；

（3）换出资产为长期股权投资的，应当视同长期股权投资处置处理，计入当期损益部分通过"投资收益"科目核算，选项C正确；

（4）换出资产为存货的，应当按照收入准则进行会计处理，确认收入、结转成本，选项D正确。

201. 【答案】BD 【解析】本题考查非货币性资产交换的会计处理——以账面价值为基础计量的非货币性资产交换的会计处理。以账面价值为基础计量的非货币性资产交换中，能够影响换入资产成本的有：换出资产的账面价值、应支付的相关税费、支付补价的账面价值（涉及补价），选项B、D正确。

202. 【答案】× 【解析】本题考查非货币性资产交换的确认和计量原则。以账面价值为基础计量的非货币性资产交换，企业应当以换出资产的账面价值为基础确定换入资产的初始计量金额，换出资产终止确认时不确认损益。

刷提高

203.【答案】C 【解析】本题考查非货币性资产交换的会计处理——以公允价值为基础计量的非货币性资产交换的会计处理。

（1）甲公司收取的补价占整个资产交换的比例 = 50/550 = 9.09%，该比例低于 25%，所以该交换属于非货币性资产交换，选项 A 错误。

（2）由于该交换具有商业实质，且长期股权投资的公允价值能够可靠计量，所以甲公司应以公允价值为基础确认换入资产成本，长期股权投资的成本 = 500 万元，选项 B 错误。

（3）投资方以一项固定资产出资取得对被投资方的权益性投资，对于投资方来说，换出资产为固定资产，换入资产为长期股权投资，属于非货币性资产交换；对于被投资方来说，则属于接受权益性投资，不属于非货币性资产交换，选项 C 正确。

（4）乙公司 2×22 年 12 月利润表中"营业利润"项目的增加额 = 500 − 450 = 50（万元），选项 D 错误。

204.【答案】ABC 【解析】本题考查商业实质的判断。认定某项非货币性资产交换具有商业实质，必须满足下列条件之一：

（1）换入资产的未来现金流量在风险、时间分布或金额方面与换出资产显著不同；（选项 A、B 正确）

（2）使用换入资产所产生的预计未来现金流量现值与继续使用换出资产所产生的预计未来现金流量现值不同，且其差额与换入资产和换出资产的公允价值相比是重大的。（选项 C 正确）

从事相同经营业务的企业之间相互交换其有类似性质和相等价值的商品，以便在不同地区销售，这种同类别的非货币性资产之间的交换不具有商业实质，选项 D 错误。

205.【答案】AD 【解析】本题考查非货币性资产交换的会计处理——以账面价值为基础计量的非货币性资产交换的会计处理。

（1）企业以存货换取客户的非货币性资产的，适用《企业会计准则第 14 号——收入》。因此，选项 A 正确。

（2）该项非货币性资产交换不具有商业实质，所以该项非货币性资产交换属于以账面价值为计量基础的非货币性资产交换。因此，对于换出资产，企业在终止确认时不确认损益。

①甲公司换入管理用非专利技术的入账价值 = 换出资产的账面价值 + 支付补价的账面价值 + 支付的相关税费 = 750 + 50（应收票据的账面价值）= 800（万元），选项 B 错误。

②甲公司换出的 A 产品和支付的补价（即应收票据）应当采用账面价值计量，因

此，在终止确认时不确认损益，选项 C 错误。

（3）乙公司换入 A 产品的入账价值 = 换出资产账面价值 − 收到补价公允价值 + 支付的相关税费 = 800 − 60 = 740（万元），选项 D 正确。

刷易错

206. 【答案】D 【解析】本题考查非货币性资产交换的概念。应收票据与债权投资属于货币性资产，选项 A、B 错误；预收账款属于负债，选项 C 错误；交易性金融资产属于非货币性资产，选项 D 正确。

207. 【答案】× 【解析】本题考查非货币性资产交换的会计处理——以公允价值为基础计量的非货币性资产交换的会计处理。实务中，在考虑了补价因素的调整后，正常交易换入资产的公允价值和换出资产的公允价值通常是一致的。

刷通关

208. 【答案】D 【解析】本题考查非货币性资产交换的会计处理——以公允价值为基础计量的非货币性资产交换的会计处理。甲公司因该项交换应确认的资产处置损益 = 280 − （300 − 45）= 25（万元），选项 D 正确。

209. 【答案】AB 【解析】本题考查非货币性资产交换的会计处理——以公允价值为基础计量的非货币性资产交换的会计处理。非货币性资产交换同时满足下列两个条件的，应当以换出资产的公允价值和应支付的相关税费作为换入资产的成本进行初始计量，换出资产公允价值与换出资产账面价值的差额计入当期损益。

（1）该项交换具有商业实质；

（2）换入资产或换出资产的公允价值能够可靠地计量。

210. 【答案】× 【解析】本题考查非货币性资产交换的会计处理——以公允价值为基础计量的非货币性资产交换的会计处理。以公允价值为基础计量的非货币性资产交换中，换出资产按出售处理，所以换出资产为投资性房地产的，应按换出资产公允价值或换入资产公允价值确认其他业务收入，按换出资产账面价值结转其他业务成本。

211. 【答案及解析】

（1）会计分录：

借：投资性房地产——公允价值变动　　　　　　　　　　　　　　40

　　贷：公允价值变动损益　　　　　　　　　　　　　　　　　　　　40

（2）①属于非货币性资产交换。

②理由：收到的补价/换出资产公允价值 = 40/1 040 × 100% = 3.85% < 25%，属

于非货币性资产交换。

（3）①换入资产总成本 = 1 040 − 40 = 1 000（万元）。

②M 专利技术入账金额 = 1 000 × 300/（300 + 700）= 300（万元）。

③N 生产设备入账金额 = 1 000 × 700/（300 + 700）= 700（万元）。

（4）会计分录：

借：无形资产	300	
固定资产	700	
银行存款	40	
贷：其他业务收入		1 040
借：其他业务成本	1 040	
贷：投资性房地产——成本		900
——公允价值变动		140
借：公允价值变动损益	140	
贷：其他业务成本		140

第十六章　债务重组

刷基础

212. 【答案】D 【解析】本题考查债权人的会计处理——以资产清偿债务或债务转化为权益工具。具体如下表所示。

项目	债务重组中取得的对联营企业或合营企业的投资	
	①初始投资成本	②重组日享有的债务人的资产份额
计算	债权的公允价值 + 可直接归属于该资产的税金等其他成本	重组日享有的债务人可辨认净资产公允价值的份额
判断	① > ②	① < ②
入账价值	①初始投资成本	②重组日享有的债务人的资产份额
差额	不作账务处理	计入营业外收入

选项 A、B、C 错误。

【拓展】债权人在债务重组中取得对债务人控制的会计处理如下表所示。

项目	同一控制下企业合并	非同一控制下企业合并
初始投资成本	合并日应享有的被合并方在最终控制方合并财务报表中净资产的账面价值的份额	债务重组日承担负债的公允价值
与承担债务账面价值差额	计入资本公积	

213. 【答案】B 【解析】本题考查债务人的会计处理——修改其他条款。债务重组采用修改其他条款方式进行的，如果修改其他条款导致债务终止确认，债务人应当按照公允价值计量重组债务，借记"应付账款""长期借款"等科目，贷记"应付账款""长期借款"等科目；终止确认的债务账面价值与重组债务确认金额之间的差额，借记或贷记"投资收益"科目，选项 B 正确。

214. 【答案】ABC 【解析】本题考查债务重组方式。修改债权和债务的其他条款，是债务人不以资产清偿债务，也不将债务转为权益工具，而是改变债权和债务的其他条款的债务重组方式，如调整债务本金、改变债务利息、变更还款期限等，选项 A、B、C 正确。

215.【答案】BC 【解析】本题考查债权人的会计处理——以资产清偿债务或债务转化为权益工具。债权人受让包括现金在内的单项或多项金融资产的，金融资产初始确认时应当以其公允价值计量，借记"库存现金""银行存款""交易性金融资产""债权投资""其他债权投资""其他权益工具投资"等科目，转销债权账面价值，借记"坏账准备"等科目，贷记"应收账款"等科目，金融资产确认金额与债权终止确认日账面价值之间的差额，借记或贷记"投资收益"科目，选项 A、D 错误。

【总结】以资产清偿债务或债务转化为权益工具的债权人的会计处理如下表所示。

类型		会计处理
单项资产	金融资产	金融资产公允价值 - 债权终止确认日账面价值 = 投资收益（借或贷）
	非金融资产	放弃债权的公允价值 - 账面价值 = 投资收益（借或贷） 【链接】关于长期股权投资的相关账务处理，详见本章单选题第 188 题的解析与拓展
多项资产		
处置组		
受让资产或处置组划分为持有代售类别		持有代售资产 - 转销债权账面价值 = 资产减值损失（借）

216.【答案】√ 【解析】本题考查债务重组的定义。债务重组，是指在不改变交易对手方的情况下，经债权人和债务人协定或法院裁定，就清偿债务的时间、金额或方式等重新达成协议的交易。债务重组不强调在债务人发生财务困难的背景下进行，也不论债权人是否作出让步。

刷提高

217.【答案】D 【解析】本题考查债权人的会计处理——以资产清偿债务或债务转化为权益工具。

（1）甲公司收到的生产设备，经管理层决议，将于未来 3 个月内对外出售。因此，应确认为"持有待售资产"，选项 A 错误；

（2）2×22 年 9 月 20 日，甲公司该"持有待售资产"的入账价值 = 305 - 5 = 300（万元）；

甲公司在债务重组中应确认的"资产减值损失"的金额 = 400 - 40 - 300 = 60（万元），选项 B 错误；

（3）乙公司在债务重组中应确认的"其他收益" = 400 - （500 - 150 - 70） = 120（万元），对乙公司 2×22 年 9 月利润表中"营业利润"的影响为 120 万元，选项

C 错误，选项 D 正确。

会计分录如下：

①甲公司：

借：持有待售资产	300	
坏账准备	40	
资产减值损失	60	
贷：应收账款		400

②乙公司：

借：固定资产清理	280	
累计折旧	150	
固定资产减值准备	70	
贷：固定资产		500
借：应付账款	400	
贷：固定资产清理		280
其他收益		120

218. 【答案】A 【解析】本题考查债权人的会计处理、债务人的会计处理。

（1）甲公司该 A 产品的入账价值为 = (850 − 800×13%) = 746（万元），选项 A 正确；

（2）甲公司确认债务重组损失的金额 = 900 − 850 = 50（万元），选项 B 错误；

（3）乙公司以 A 产品清偿债务的，不确认收入，选项 C 错误；

（4）乙公司确认债务重组收益的金额 = 1 000 − 600 − 800×13% = 296（万元），选项 D 错误。

（5）会计分录：

①甲公司接受乙公司用于清偿债务的 A 产品：

借：库存商品	746	
应交税费——应交增值税（进项税额）	104	
坏账准备	100	
投资收益	50	
贷：应收账款		1 000

②乙公司用 A 产品清偿债务：

借：应付账款	1 000	
贷：库存商品		600
应交税费——应交增值税（销项税额）		104
其他收益		296

219. 【答案】√ 【解析】本题考查债权人的会计处理——组合方式。债务重组采用组合方式进行的，放弃债权的公允价值与账面价值之间的差额，记入"投资收益"科目。

刷易错

220. 【答案】C　【解析】本题考查债务人的会计处理——债务人将债务转为权益工具。

(1) 债务人以单项或多项金融资产清偿债务的，债务的账面价值与偿债金融资产账面价值的差额，借记或贷记"投资收益"科目，选项 A 错误。

(2) 债务人以单项或多项非金融资产（如固定资产、日常活动产出的商品或服务等）清偿债务，或者以包括金融资产和非金融资产在内的多项资产清偿债务的，不需要区分资产处置损益和债务重组损益，也不需要区分不同资产的处置损益，而应将所清偿债务账面价值与转让资产账面价值之间的差额，借记或贷记"其他收益——债务重组收益"科目，选项 B 错误。

(3) 债务重组采用将债务转为权益工具方式进行的，债务人初始确认权益工具时，按照权益工具的公允价值计量，权益工具的公允价值不能可靠计量的，应当按照所清偿债务的公允价值计量，所清偿债务账面价值与权益工具确认金额之间的差额，借记或贷记"投资收益"科目；债务人因发行权益工具而支出的相关税费等，应当依次冲减资本公积、盈余公积、未分配利润等，选项 D 错误。

221. 【答案】ABC　【解析】本题考查债权和债务的终止。债务重组涉及的债权和债务，是符合金融资产和金融负债定义的债权和债务，针对合同资产、合同负债、预计负债等进行的交易安排，不属于债务重组，选项 A、B、C 正确；导致租赁应收款和租赁应付款终止确认的交易安排，属于债务重组，选项 D 错误。

222. 【答案】×　【解析】本题考查债权和债务的终止。如果重组债务未来现金流量（包括支付和收取的某些费用）现值与原债务的剩余期间现金流量现值之间的差异超过 10%，则意味着新的合同条款进行了"实质性修改"或者重组债务是"实质上不同"的，有关现值的计算均采用原债务的实际利率。

刷通关

223. 【答案】A　【解析】本题考查债权人的会计处理——以资产清偿债务或将债务转为权益工具。

(1) 债务重组中，受让的交易性金融资产应按照公允价值 40 万元作为初始入账价值。

(2) 债务重组中，受让的长期股权投资与原材料，应当按照受让的金融资产以外的各项资产在债务重组合同生效日的公允价值比例，对放弃债权在合同生效日的公允价值扣除受让金融资产当日公允价值后的净额进行分配，并以此为基础分别确定各项资产的成本。

①原材料的入账价值 =（140 − 40）× 30/（30 + 45）= 40（万元）。

②长期股权投资的入账价值 =（140 − 40）× 45/（30 + 45）= 60（万元）。

（3）债务重组中，放弃债权的公允价值与账面价值之间的差额，计入投资收益。所以，甲公司应确认的投资损失金额 = 160 − 140 = 20（万元）。

选项 B、C、D 错误，选项 A 正确。

甲公司该债务重组应作如下会计分录：

借：交易性金融资产——成本　　　　　　　　　　　　40

　　　长期股权投资　　　　　　　　　　　　　　　　60

　　　原材料　　　　　　　　　　　　　　　　　　　40

　　　投资收益　　　　　　　　　　　　　　　　　　20

　　　贷：应收账款　　　　　　　　　　　　　　　　　　160

224. 【答案】ACD　【解析】本题考查债权人的会计处理。

（1）2 × 23 年 3 月 15 日，甲公司该存货的入账价值 = 940 − 2.5 × 200 = 440（万元），选项 A 正确。

（2）2 × 23 年 5 月 1 日，甲公司该其他权益工具投资的入账价值 = 2.4 × 200 = 480（万元），选项 C 正确。

债权人应当在收取债权现金流量的合同权利终止时，终止确认全部债权，可以确认全部债务重组相关损益，应确认投资收益 = 440 + 480 −（1 000 − 50）= − 30（万元），选项 B 错误，选项 D 正确。

会计分录如下：

①3 月 15 日：

借：库存商品　　　　　　　　　　　　　　　　　　440

　　　贷：应收账款　　　　　　　　　　　　　　　　　　440

②5 月 1 日：

借：其他权益工具投资　　　　　　　　　　　　　　480

　　　坏账准备　　　　　　　　　　　　　　　　　　50

　　　投资收益　　　　　　　　　　　　　　　　　　30

　　　贷：应收账款　　　　　　　　　　　　　　　　　　560

225. 【答案】AB　【解析】本题考查债权人的会计处理——以资产清偿债务或债务转化为权益工具。债权人受让多项非金融资产，或者包括金融资产、非金融资产在内的多项资产的，金融资产按照当日公允价值计量，借记"库存现金""银行存款""交易性金融资产""债权投资""其他债权投资""其他权益工具投资"等科目，按照受让的金融资产以外的各项资产在债务重组合同生效日的公允价值比例，对放弃债权在合同生效日的公允价值扣除受让金融资产当日公允价值后的净额进行分配，并以此为基础分别确定各项资产的成本。甲公司该债务重组业务的会计分录如下：

借：其他债权投资　　　　　　　　　　　　　　　　100

固定资产	650
坏账准备	200
投资收益	50
贷：应收账款	1 000

选项 A、B 正确。

226. 【答案】×　【解析】本题考查债权和债务的终止。在报告期间已经开始协商，但在报告期资产负债表日后的债务重组，不属于资产负债表日后调整事项。

227. 【答案及解析】

(1) 会计分录：

借：在建工程	1 000
贷：应付账款	1 000
借：在建工程	30
贷：原材料	10
应付职工薪酬	20

(2) ①2×21 年 12 月 31 日甲公司设备达到预定可使用状态时的入账价值 = 1 000 + 30 = 1 030（万元）。

②会计分录：

借：固定资产	1 030
贷：在建工程	1 030

(3) ①甲公司 2×22 年该设备计提折旧金额 =（1 030 − 25）× 5/15 = 335（万元）。

②甲公司 2×22 年末该设备的账面净值 = 1 030 − 335 = 695（万元）。

③甲公司 2×22 年末该设备的可收回金额 = 600（万元）。

因为，甲公司 2×22 年末该设备的账面净值 695 万元大于可收回金额 600 万元，所以该设备发生减值，甲公司该设备应确认的减值损失 = 695 − 600 = 95（万元）。

④会计分录：

借：资产减值损失	95
贷：固定资产减值准备	95

(4) 因为甲公司该设备于 2×22 年计提减值准备，所以 2×23 年计提折旧时，应当采用未来适用法，按照计提减值准备后的金额计提。

①2×23 年甲公司该项设备应计提的折旧额 =（600 − 20）/4 = 145（万元）。

②会计分录：

借：制造费用	145
贷：累计折旧	145

(5) 会计分录：

借：固定资产清理	455
累计折旧	480
固定资产减值准备	95

    贷：固定资产   1 030
  借：应付账款   980
    贷：固定资产清理   455
      库存商品   480
      其他收益   45

第十七章　所得税

228.【答案】C 【解析】本题考查所得税核算的基本原理和程序。《企业会计准则第18号——所得税》中规定，企业所得税应当采用资产负债表债务法核算，选项A错误；利润表中的所得税费用包括当期所得税和递延所得税两个组成部分，企业在计算确定当期所得税和递延所得税后，两者之和（或之差），即为利润表中的所得税费用，选项B错误；资产、负债的计税基础，虽然是会计准则中的概念，但实质上与税法的规定密切关联。企业应当严格遵循税法中对于资产的税务处理及可税前扣除的费用等规定确定有关资产、负债的计税基础，选项D错误。

229.【答案】C 【解析】本题考查资产的计税基础——固定资产，具体见下表。

项目		2×22年	2×23年	2×24年	2×25年	2×26年
企业	年数总和法	100	80	60	40	20
	账面价值	210	130	70	30	10
税务	年限平均法	60	60	60	60	60
	计税基础	250	190	130	70	10
可抵扣暂时性差异		40	60	60	40	0
递延所得税资产		10	15	15	10	0

选项A、B、D错误。

【注意】固定资产在持有期间进行后续计量时，会计上的基本计量模式是"成本 – 累计折旧 – 固定资产减值准备"，税收上的基本计量模式是"成本 – 按照税法规定计算确定的累计折旧"。会计与税收处理的差异主要来自折旧方法、折旧年限的不同以及固定资产减值准备的计提。

230.【答案】D 【解析】本题考查资产的计税基础——无形资产。

（1）2×22年该专利技术应计提的摊销 $=60/5 \times 2/12 = 2$（万元）；

（2）2×22年12月31日，该专利技术的账面价值 $= 60 - 2 = 58$（万元）；

（3）2×22年12月31日，该专利技术的计税基础 $= 58 \times 200\% = 116$（万元）。

选项D正确。

231.【答案】ABD **【解析】**本题考查递延所得税负债的确认。企业对子公司、联营企业以及合营企业投资相关的应纳税暂时性差异,应当确认相应的递延所得税负债。但是,同时满足下列条件的除外:

(1)投资企业能够控制暂时性差异转回的时间;

(2)该暂时性差异在可预见的未来很可能不会转回。

选项C错误。

【提示】自行研发无形资产的费用化支出,因没有产生资产或负债,所以可视为产生的资产或负债的账面价值和计税基础均为0。但由于该税会差异确实存在,所以应属于永久性差异,故不确认相关的递延所得税资产或递延所得税负债。

232.【答案】BC **【解析】**本题考查递延所得税资产的确认。当资产的账面价值小于其计税基础和负债的账面价值大于其计税基础时,企业应当确认递延所得税资产,选项B、C正确,选项A错误;拟长期持有的长期股权投资,因其联营企业实现净利润增加长期股权投资的账面价值,不确认递延所得税资产,选项D错误。

233.【答案】√ **【解析】**本题考查所得税税率变化对递延所得税资产和递延所得税负债影响的确认与计量。因适用税收法规的变化,导致企业在某一会计期间适用的所得税税率发生变化的,企业应当对已确认的递延所得税资产和递延所得税负债进行重新计量。

刷提高

234.【答案】B **【解析】**本题考查负债的计税基础——其他负债。

(1)合同负债的计税基础=100-0=100(万元),选项A错误;

(2)应付的合理职工薪酬的账面价值=280万元,选项B正确;

(3)缴纳的税收滞纳金60万元,属于永久性差异,会计处理中只需调整财务报表,无须调整会计分录,选项C错误;

(4)支付的合同违约金税前准予扣除,无须进行纳税调整,选项D错误。

235.【答案】B **【解析】**本题考查资产的计税基础——以公允价值计量且其变动计入当期损益资产。

(1)2×21年新增应纳税暂时性差异=3 200-3 000=200(万元);

(2)2×21年递延所得税负债增加额=200×25%=50(万元);

(3)2×22年新增应纳税暂时性差异=3 250-3 200=50(万元);

(4)2×22年递延所得税负债增加额=50×25%=12.5(万元);

(5)2×22年12月31日甲公司对该股票投资公允价值变动应确认递延所得税负债的余额=50+12.5=62.5(万元),选项B正确。

236.【答案】AB **【解析】**本题考查特定交易或事项涉及递延所得税的确认。

(1) 2×22 年 12 月 31 日，该写字楼的账面价值 = 3 750 万元；

(2) 2×22 年 12 月 31 日，该写字楼的计税基础 = 5 000 − 2 050 − 5 000/50 ×6/12 = 2 900（万元），选项 C 错误；

(3) 由于写字楼的账面价值小于计税基础，所以产生应纳税暂时性差异，应确认的递延所得税负债金额 = (3 750 − 2 900) ×25% = 212.5（万元），选项 D 错误；

(4) 会计分录如下：

①转换日，将一栋自用写字楼转为以公允价值模式计量的投资性房地产：

借：投资性房地产——成本   3 600

　　累计折旧   2 050

　　　贷：固定资产   5 000

　　　　　其他综合收益   650

②2×22 年 12 月 31 日，确认公允价值变动损益：

借：投资性房地产——公允价值变动   150

　　　贷：公允价值变动损益   150

237.【答案】√ 【解析】本题考查所得税税率变化对递延所得税资产和递延所得税负债影响的确认与计量。转回时，导致应交所得税金额减少或增加的情况。适用所得税税率的变化必然导致应纳税暂时性差异或可抵扣暂时性差异在未来期间转回时产生增加或减少应交所得税金额的变化，在适用所得税税率变化的情况下应对原已确认的递延所得税资产和递延所得税负债的金额进行调整，反映所得税税率变化带来的影响。

刷易错

238.【答案】ABC 【解析】本题考查特定交易或事项涉及递延所得税的确认。与当期及以前期间直接计入所有者权益的交易或事项相关的当期所得税及递延所得税应当计入所有者权益。直接计入所有者权益的交易或事项主要有：

(1) 对会计政策变更采用追溯调整法或对前期差错更正采用追溯重述法调整期初留存收益；

(2) 以公允价值计量且其变动计入其他综合收益的金融资产的公允价值的变动计入其他综合收益；

(3) 自用房地产转为采用公允价值模式计量的投资性房地产时公允价值大于原账面价值的差额计入其他综合收益等。

选项 A、B、C 正确。

239.【答案】× 【解析】本题考查递延所得税负债的确认。除会计准则中明确规定可不确认递延所得税负债的情况以外，企业对于所有的应纳税暂时性差异均应确认相关的递延所得税负债。

240. 【答案】 × 【解析】本题考查特定交易或事项涉及递延所得税的确认。如果是计入所有者权益的交易或事项等的递延所得税影响，则递延所得税负债的增加，应记入"其他综合收益"科目，不影响所得税费用。

刷通关

241. 【答案】B 【解析】本题考查所得税费用的计算与列报。

（1）国债利息收入 50 万元，由于税法规定国债利息收入免税。因此，应当调减应纳税所得额 50 万元。

（2）罚款支出 60 万元，由于税法规定罚款支出不允许税前抵扣。因此，应当调增应纳税所得额 60 万元。

（3）当年新增的行政管理设备计提折旧 60 万元，税法规定允许抵扣 40 万元。因此，应当调增应纳税所得额 20 万元，产生可抵扣暂时性差异，故确认递延所得税资产 = $20 \times 25\% = 5$（万元）。

（4）甲公司 2×23 年应纳税所得额 = $1\,000 - 50 + 60 + 20 = 1\,030$（万元）。

（5）甲公司 2×23 年应交所得税额 = $1\,030 \times 25\% = 257.5$（万元）。

借：所得税费用	252.5
递延所得税资产	5
贷：应交税费——应交所得税	257.5

选项 B 正确。

242. 【答案】ACD 【解析】本题考查暂时性差异——可抵扣暂时性差异、递延所得税资产的确认和计量。

（1）2×22 年末预计负债的账面价值 = $200 - 50 = 150$（万元）。

（2）2×22 年末预计负债的计税基础 = 0。

因为，预计负债的账面价值 150 万元大于计税基础 0，所以，产生可抵扣暂时性差异 150 万元，应确认的递延所得税资产的金额 = $150 \times 25\% = 37.5$（万元），选项 A 正确，选项 B 错误。

（3）2×23 年末预计负债的账面价值 = $150 - 80 = 70$（万元）。

（4）2×23 年末预计负债的计税基础 = 0。

因为，预计负债的账面价值 70 万元大于计税基础 0，所以，产生可抵扣暂时性差异 70 万元（累计值），期末递延所得税资产的余额 = $70 \times 25\% = 17.5$（万元），因此，应当转回递延所得税资产的金额 = $37.5 - 17.5 = 20$（万元），选项 C、D 正确。

243. 【答案】√ 【解析】本题考查递延所得税负债的确认和计量——递延所得税负债的计量。递延所得税负债应以相关应纳税暂时性差异转回期间适用的所得税税率计量。

244. 【答案及解析】

(1) 会计分录如下：

借：交易性金融资产——成本 1 000

　　投资收益 20

　　贷：银行存款 1 020

(2) ①乙公司宣告发放现金股利时：

借：应收股利 200

　　贷：投资收益 200

②甲公司收到现金股利时：

借：银行存款 200

　　贷：应收股利 200

(3) ①2×23 年 12 月 31 日，乙公司股票价格变为 14 元/股时：

借：交易性金融资产——公允价值变动 400

　　贷：公允价值变动损益 400

②2×23 年 12 月 31 日，乙公司股票价格变动对甲公司递延所得税的影响。

a. 2×23 年 12 月 31 日乙公司股票的账面价值 = 1 400 万元；

b. 2×23 年 12 月 31 日乙公司股票的计税基础 = 1 000 万元；

c. 由于 2×23 年 12 月 31 日乙公司股票的账面价值高于计税基础，由此产生应纳税暂时性差异，应纳税暂时性差异的金额 = 1 400 - 1 000 = 400（万元）；

d. 2×23 年 12 月 31 日，甲公司应确认的递延所得税负债的金额 = 400 × 25% = 100（万元）；

e. 会计分录：

借：所得税费用 100

　　贷：递延所得税负债 100

(4) ①甲公司收到政府补助时：

借：银行存款 600

　　贷：递延收益 600

②甲公司收到政府补助对递延所得税的影响：

a. 2×23 年 12 月 31 日递延收益的账面价值 = 600 万元；

b. 2×23 年 12 月 31 日递延收益的计税基础 = 0；

c. 由于 2×23 年 12 月 31 日递延收益的账面价值高于计税基础，由此产生可抵扣暂时性差异，可抵扣暂时性差异的金额 = 600 - 0 = 600（万元）；

d. 2×23 年 12 月 31 日，甲公司应确认的递延所得税资产的金额 = 600 × 25% = 150（万元）；

e. 会计分录：

借：递延所得税资产 150

　　贷：所得税费用 150

（5）①甲公司确认销售费用时：

借：销售费用   100

    贷：预计负债   100

②甲公司因确认销售费用和对递延所得税的影响。

a. 2×23 年 12 月 31 日预计负债的账面价值 = 100 万元；

b. 2×23 年 12 月 31 日递延收益的计税基础 = 0；

c. 由于 2×23 年 12 月 31 日预计负债的账面价值高于计税基础，由此产生可抵扣暂时性差异，可抵扣暂时性差异的金额 = 100 - 0 = 100（万元）；

d. 2×23 年 12 月 31 日，甲公司应确认的递延所得税资产的金额 = 100 × 25% = 25（万元）；

e. 会计分录：

借：递延所得税资产   25

    贷：所得税费用   25

（6）甲公司 2×23 年的应交所得税金额 = (4 000 - 200 - 400 + 600 + 100) × 25% = 1 025（万元）。

第十八章　外币折算

刷基础

245.【答案】C　【解析】本题考查外币交易的会计处理。企业发生外币交易的，应采用交易发生日的即期汇率或即期汇率的近似汇率将外币金额折算为记账本位币金额，按照折算后的记账本位币金额登记有关记账本位币账户；同时，按照外币金额登记相应的外币账户。

(1) 确认主营业务收入的金额=180×7.65=1 377（万人民币元），选项A错误；

(2) 确认财务费用的金额=100×（7.65-7.63）=2（万人民币元），选项B错误；

(3) 确认应收账款的金额=60×7.65=459（万人民币元），选项C正确；

(4) 确认银行存款的金额=20×7.65=153（万人民币元），选项D错误。

会计分录如下：

借：银行存款——××银行（欧元）	918
应收账款——乙公司（欧元）	459
贷：主营业务收入——出口××商品	1 377
借：银行存款——××银行（欧元）	763
财务费用——汇兑差额	2
贷：银行存款——××银行（欧元）	765

246.【答案】ABC　【解析】本题考查外币交易的会计处理。企业收到投资者以外币投入的资本，无论是否有合同约定汇率，均不得采用合同约定汇率和即期汇率的近似汇率折算，而是采用交易日即期汇率折算，所以不会产生汇兑损益，选项D错误。

【提示】不符合资本化条件而且属于筹建期内发生的部分则列入"管理费用"科目；既不符合资本化条件又未发生在筹建期内的部分则计入各期损益，列为"财务费用——汇兑损失"科目。

247.【答案】√　【解析】本题考查记账本位币的确定。企业记账本位币发生变更的，在按照变更当日的即期汇率将所有项目变更为记账本位币时，其比较财务报表应当以可比当日的即期汇率折算所有资产负债表和利润表项目。

刷提高

248.【答案】B 【解析】 本题考查外币财务报表折算的一般原则。对外币资产负债表进行折算时，"实收资本"项目应采用的折算汇率为交易发生时的即期汇率。因此，甲公司 2×23 年 9 月 30 日资产负债表中"实收资本"项目的金额 = 2 000 × 6.83 = 13 660（万人民币元），选项 B 正确。

249.【答案】BCD 【解析】 本题考查外币交易的会计处理。资产负债表日或结算货币性项目时，企业应当采用资产负债表日或结算当日即期汇率折算外币货币性项目，因当日即期汇率与初始确认时或者前一资产负债表日即期汇率不同而产生的汇兑差额，作为财务费用处理，同时调增或调减外币货币性项目的记账本位币金额。

（1）2×22 年 12 月 10 日，确认实收资本 8 000 万人民币元；12 月 31 日，资产负债表中"实收资本"项目增加 8 000 万人民币元，选项 D 正确。

（2）2×22 年 12 月 10 日，确认资本公积 = 1 000 × 8.05 − 8 000 = 50（万人民币元），12 月 31 日资产负债表中"资本公积"项目增加 50 万人民币元，选项 C 正确。

（3）2×22 年 12 月 31 日，确认汇兑收益 = 1 000 ×（8.06 − 8.05）= 10（万人民币元），应冲减"财务费用"；12 月 31 日，利润表中"财务费用"项目减少 50 万人民币元，选项 A 错误。

（4）2×22 年 12 月 31 日，资产负债表中"货币资金"项目增加额 = 8 050 + 10 = 8 060（万人民币元），选项 B 正确。

会计分录如下：

2×22 年 12 月 10 日：

借：银行存款——欧元   8 050

    贷：实收资本   8 000

       资本公积——资本溢价   50

2×22 年 12 月 31 日：

借：银行存款——欧元   10

    贷：财务费用   10

250.【答案】× 【解析】 本题考查外币交易的会计处理。对于以公允价值计量且其变动计入当期损益的金融资产和分类为以公允价值计量且其变动计入其他综合收益的金融资产，折算后的记账本位币金额与原记账本位币金额之间的差额应作为公允价值变动损益（含汇率变动），计入当期损益。

刷易错

251. 【答案】B 【解析】本题考查外币交易的会计处理。货币性资产包括库存现金、银行存款、应收账款、其他应收款、长期应收款等，选项 B 正确；非货币性项目是货币性项目以外的项目，如存货、长期股权投资、以公允价值计量且其变动计入当期损益的金融资产（股票、基金等）、固定资产、无形资产等，选项 A、C、D 错误。

252. 【答案】ACD 【解析】本题考查外币财务报表折算的一般原则。资产负债表中的资产和负债项目，采用资产负债表日的即期汇率折算，选项 A、D 正确；所有者权益项目除"未分配利润"项目外，其他项目采用发生时的即期汇率折算，选项 B 错误，选项 C 正确。

253. 【答案】× 【解析】本题考查记账本位币的确定。企业记账本位币一经确定，不得随意变更，除非与确定记账本位币相关的企业经营所处的主要经济环境发生重大变化。因此，当主要经济环境发生重大变化时，企业可能需要对记账本位币进行变更。

刷通关

254. 【答案】D 【解析】本题考查外币交易的会计处理。企业收到投资者以外币投入的资本，无论是否有合同约定汇率，均不得采用合同约定汇率和即期汇率的近似汇率折算，而应当采用交易发生日的即期汇率折算，因此不产生外币资本折算差额。所以甲公司 2×22 年 12 月 31 日资产负债表中与该投资有关的所有者权益的账面金额 = 2 000×6.91 + 1 000×6.88 = 20 700（万人民币元），选项 D 正确。

255. 【答案】C 【解析】本题考查外币财务报表折算的一般原则。

企业对境外经营的财务报表进行折算时，应当遵循下列规定：

（1）资产负债表中的资产和负债项目，采用资产负债表日的即期汇率折算，所有者权益项目除"未分配利润"项目外，其他项目采用发生时的即期汇率折算，选项 C 正确，选项 D 错误。

（2）利润表中的收入和费用项目，采用交易发生日的即期汇率折算；也可以采用按照系统合理的方法确定的、与交易发生日即期汇率近似的汇率折算，选项 A、B 错误。

（3）按照上述（1）、（2）折算产生的外币财务报表折算差额，在资产负债表中所有者权益项目下单独列示。比较财务报表的折算比照上述规定处理。

256. 【答案】ACD 【解析】本题考查境外经营记账本位币的确定。

（1）境外经营包含两种情况：一是指企业在境外的子公司、合营企业、联营企业、分支机构；二是指企业在境内的子公司、合营企业、联营企业、分支机构，采用不同于本企业记账本位币的，也视同境外经营，选项 A 正确。

（2）企业境外经营为其子公司的情况下，企业在编制合并财务报表时，对于境外经营财务报表折算差额，需要在母公司与子公司少数股东之间按照各自在境外经营所有者权益中所享有的份额进行分摊，其中归属于母公司应分担的部分在合并资产负债表和合并所有者权益变动表中所有者权益项目下的"其他综合收益"项目列示，属于子公司少数股东应分担的部分应并入"少数股东权益"项目列示，选项 B 错误。

（3）资产负债表中的资产和负债项目，采用资产负债表日的即期汇率折算，所有者权益项目除"未分配利润"项目外，其他项目采用发生时的即期汇率折算，选项 C 正确。

（4）利润表中的收入和费用项目，采用交易发生日的即期汇率折算；也可以采用按照系统合理的方法确定的、与交易发生日的即期汇率近似的汇率折算，选项 D 正确。

257.【答案】√ 【解析】本题考查外币交易的会计处理。对于以历史成本计量的外币非货币性项目，已在交易发生日按当日即期汇率折算，资产负债表日不应改变其原记账本位币金额，不产生汇兑差额。

258.【答案及解析】

（1）借：其他权益工具投资——成本　　　　（3.1×500×6.52）10 106

　　　　　贷：银行存款——美元　　　　　　　　　　　　　　　10 106

（2）借：其他综合收益　　　　　　　（10 106－1 510×6.37）487.3

　　　　　贷：其他权益工具投资——公允价值变动　　　　　　　487.3

（3）①2×23 年 2 月 1 日：

借：应收股利——美元　　　　　　（500÷10×0.8×6.03）241.2

　　贷：投资收益　　　　　　　　　　　　　　　　　　　　241.2

②2×23 年 2 月 15 日：

借：银行存款——美元　　　　　　　　　　　　（6.33×40）253.2

　　贷：应收股利——美元　　　　　　　　　　　　　　　　241.2

　　　　财务费用　　　　　　　　　　　　　　　　　　　　　12

（4）借：银行存款——美元　　　　　　　　　（1 525×6.70）10 217.5

　　　　其他权益工具投资——公允价值变动　　　　　　　　487.3

　　　　贷：其他权益工具投资——成本　　　　　　　　　　　10 106

　　　　　　利润分配——未分配利润　　　　　　　　　　　　598.8

借：利润分配——未分配利润　　　　　　　　　　　　　　487.3

　　贷：其他综合收益　　　　　　　　　　　　　　　　　　487.3

第十九章 租赁

刷基础

259.【答案】A 【解析】本题考查使用权资产的后续计量。承租人在确定使用权资产的折旧年限时，应遵循以下原则：

（1）承租人能够合理确定租赁期届满时取得租赁资产所有权的，应当在租赁资产剩余使用寿命内计提折旧；

（2）承租人无法合理确定租赁期届满时能够取得租赁资产所有权的，应当在租赁期与租赁资产剩余使用寿命两者孰短的期间内计提折旧。

如果使用权资产的剩余使用寿命短于前两者，则应在使用权资产的剩余使用寿命内计提折旧。

本题中，合同约定租赁期为3年，该设备的剩余使用寿命为5年，且甲公司可以合理确定将行使购买选择权，所以，承租人甲公司对该租赁资产确定的折旧期间为2×18年7月1日~2×23年6月30日，选项A正确。

260.【答案】ABC 【解析】本题考查租赁的识别。本题中，虽然甲公司具体使用哪节火车车厢未在合同中明确指定，但因为乙公司仅拥有一节适合甲公司使用的火车车厢，必须使用其来履行合同，乙公司无法自由替换该车厢时，该火车车厢被隐含指定，是一项已识别资产，选项A、B、C正确。

【拓展】如果客户有权在整个使用期间在合同界定的使用权范围内改变资产的使用目的和使用方式，则视为客户有权在该使用期间主导资产的使用目的和使用方式。在判断客户是否有权在整个使用期间主导已识别资产的使用目的和使用方式时，企业应当考虑在该使用期间与改变资产的使用目的和使用方式最为相关的决策权。此类例子包括：

（1）变更资产的产出类型的权利。例如，决定将集装箱用于运输商品还是储存商品，或者决定在零售区域销售的产品组合。

（2）变更资产的产出时间的权利。例如，决定机器或发电厂的运行时间。

（3）变更资产的产出地点的权利。例如，决定卡车或船舶的目的地，或者决定设备的使用地点。

（4）变更资产是否产出以及产出数量的权利。例如，决定是否使用发电厂发电以及发电量的多少。

261.【答案】ABCD 【解析】本题考查租赁的分拆。同时符合下列条件，使用已识别资产的权利构成合同中的一项单独租赁：

（1）承租人可从单独使用该资产或将其与易于获得的其他资源一起使用中获利。易于获得的资源是指出租人或其他供应方单独销售或出租的商品或服务，或者承租人已从出租人或其他交易中获得的资源，选项A、B正确。

（2）该资产与合同中的其他资产不存在高度依赖或高度关联关系。例如，若承租人租入资产的决定不会对承租人使用合同中的其他资产的权利产生重大影响，则表明该项资产与合同中的其他资产不存在高度依赖或高度关联关系，选项C、D正确。

262.【答案】×　【解析】本题考查租赁的合并。将两份或多份租赁合同合并为一份租赁合同进行会计处理的，仍然需要区分该一份合同中的租赁部分和非租赁部分。

刷提高

263.【答案】A　【解析】本题考查租赁负债的初始计量——租赁付款额。本题中，租赁付款额中包含基于使用情况的可变性，且在某些月里确实可避免支付较高租金，然而，月付款额15万元是不可避免的。因此，月付款额15万元属于实质固定付款额，应被纳入租赁负债的初始计量，选项A正确。

264.【答案】ABCD　【解析】本题考查使用权资产的初始计量。使用权资产，是指承租人可在租赁期内使用租赁资产的权利。在租赁期开始日，承租人应当按照成本对使用权资产进行初始计量。该成本包括下列四项：

（1）租赁负债的初始计量金额。

（2）在租赁期开始日或之前支付的租赁付款额；存在租赁激励的，应扣除已享受的租赁激励相关金额。

（3）承租人发生的初始直接费用。

（4）承租人为拆卸及移除租赁资产、复原租赁资产所在场地或将租赁资产恢复至租赁条款约定状态预计将发生的成本。前述成本属于为生产存货而发生的，适用《企业会计准则第1号——存货》。

选项A、B、C、D正确。

265.【答案】×　【解析】本题考查低价值租赁。如果承租人已经或者预期要把相关资产进行转租赁，则不能将原租赁按照低价值资产租赁进行简化会计处理。

刷易错

266.【答案】A　【解析】本题考查租赁期——不可撤销期间。在确定租赁期和评估不可撤销租赁期间时，企业应根据租赁条款约定确定可强制执行合同的期间。如果承租人和出租人双方均有权在未经另一方许可的情况下终止租赁，且罚款金额不重大，则该租赁不再可强制执行；如果只有承租人有权终止租赁，则在确定租赁期时，企业应将该项权利视为承租人可行使的终止租赁选择权予以考虑；如果只有出租人有权终止租赁，则不可撤销的租赁期包括终止租赁选择权所涵盖的期间，选项 A 正确。

267.【答案】ABCD　【解析】本题考查租赁期——对租赁期和购买选择权的重新评估。如果不可撤销的租赁期间发生变化，企业应当修改租赁期。例如，在下述情况下，不可撤销的租赁期将发生变化：

(1) 承租人实际行使了选择权，但该选择权在之前企业确定租赁期时未涵盖；

(2) 承租人未实际行使选择权，但该选择权在之前企业确定租赁期时已涵盖；

(3) 某些事件的发生导致根据合同规定承租人有义务行使选择权，但该选择权在之前企业确定租赁期时未涵盖；

(4) 某些事件的发生导致根据合同规定禁止承租人行使选择权，但该选择权在之前企业确定租赁期时已涵盖。

268.【答案】×　【解析】本题考查租赁负债的初始计量——折现率。在计算租赁付款额的现值时，承租人应当采用租赁内含利率作为折现率；无法确定租赁内含利率的，应当采用承租人增量借款利率作为折现率。

刷通关

269.【答案】A　【解析】本题考查出租人对经营租赁的会计处理。出租人提供免租期的，出租人应将租金总额在不扣除免租期的整个租赁期内，按直线法或其他合理的方法进行分配，免租期内应当确认租金收入。出租人承担了承租人某些费用的，出租人应将该费用自租金收入总额中扣除，按扣除后的租金收入余额在租赁期内进行分配。甲公司 2×22 年度应确认的租金收入 = (15×10 - 3)/12×6 = 73.5（万元），选项 A 正确。

270.【答案】AB　【解析】本题考查短期租赁和低价值资产租赁。

对于短期租赁和低价值资产租赁，承租人可以选择不确认使用权资产和租赁负债。其中短期租赁，是指在租赁期开始日，租赁期不超过 12 个月的租赁。但是，包含购买选择权的租赁不属于短期租赁。对于短期租赁和低价值资产租赁，承租人可以选择不确认使用权资产和租赁负债。因此，选项 C、D 错误，选项 A、B 正确。

271.【答案】×　【解析】本题考查售后租回交易。售后租回交易中的资产转让属于销售的，卖方兼承租人应当按原资产账面价值中与租回获得的使用权有关的部分，计量售后租回所形成的使用权资产，并仅就转让至买方兼出租人的权利确认相关利得或损失。

272.【答案及解析】

（1）①该写字楼的租赁期限为10年。

②理由：2×23年1月1日，甲公司与乙公司签订了租赁期限为10年的写字楼租赁协议。虽然租赁协议允许甲公司于第五年末提前终止租赁，但是甲公司经评估合理确定将不会行使终止租赁选择权。因此，该写字楼的租赁期限为10年。

（2）租赁负债的初始入账金额=200×（P/A，6%，9）=200×6.8017=1 360.34（万元）。

（3）①使用权资产的初始入账价值=1 360.34+200-10+15=1 565.34（万元）；

②会计分录：

借：使用权资产　　　　　　　　　　　　　　　　　　1 560.34
　　租赁负债——未确认融资费用　　　　　　　　　　　439.66
　　　贷：租赁负债——租赁付款额　　　　　　　　　　　　　1 800
　　　　　银行存款　　　　　　　　　　　　　　　　　　　　200
借：银行存款　　　　　　　　　　　　　　　　　　　　10
　　　贷：使用权资产　　　　　　　　　　　　　　　　　　　　10
借：使用权资产　　　　　　　　　　　　　　　　　　　15
　　　贷：银行存款　　　　　　　　　　　　　　　　　　　　　15

（4）①该写字楼的折旧年限为10年；

②理由：甲公司根据签订的租赁协议能够确定的租赁期限为10年，虽然该写字楼寿命为30年，但是由于甲公司经评估合理确定将不会行使终止租赁选择权，所以该写字楼的租赁期限短于寿命。因此，该写字楼的折旧年限为10年；

③2×23年使用权资产应计提的折旧额=1 565.34/10=156.53（万元）；

④会计分录：

借：管理费用　　　　　　　　　　　　　　　　　　　156.53
　　　贷：使用权资产累计折旧　　　　　　　　　　　　　　156.53

（5）①甲公司2×23年应确认的租赁负债利息费用=1 360.34×6%=81.62（万元）；

②会计分录：

借：财务费用　　　　　　　　　　　　　　　　　　　81.62
　　　贷：租赁负债——未确认融资费用　　　　　　　　　　81.62

第二十章　持有待售的非流动资产、处置组和终止经营

刷基础

273. 【答案】A　【解析】本题考查持有待售类别的分类原则。

（1）在签订转让合同前，买卖双方并不知晓影响交易进度的环境污染问题，属于符合延长一年期限的例外事项，因此可以将处置组划分为持有待售类别，选项 A 正确；

（2）甲企业管理层决定出售的一项土地使用权，但并未与其他企业签订转让合同，所以不应将该土地使用权划分为持有待售类别，选项 B 错误；

（3）甲企业签订的可撤销销售协议，不满足划分为持有待售类别的条件，选项 C 错误；

（4）甲企业口头承诺于 8 个月后向丁企业转让一项生产用无形资产，没有签订不可撤销的销售合同，不满足划分为持有待售类别的条件，选项 D 错误。

274. 【答案】ABC　【解析】本题考查持有待售类别的分类原则。按照《企业会计准则第 30 号——财务报表列报》的规定，流动资产是指满足下列条件之一的资产：

（1）预计在一个正常营业周期中变现、出售或耗用；

（2）主要为交易目的而持有；

（3）预计在资产负债表日起一年内变现；

（4）自资产负债表日起一年内，交换其他资产或清偿负债的能力不受限制的现金或现金等价物。

275. 【答案】√　【解析】本题考查终止经营列报。不符合终止经营定义的持有待售的非流动资产或处置组所产生的下列相关损益，应当在利润表中作为持续经营损益列报：

（1）企业初始计量或在资产负债表日重新计量持有待售的非流动资产或处置组时，因账面价值高于其公允价值减去出售费用后的净额而确认的资产减值损失；

（2）后续资产负债表日持有待售的非流动资产或处置组公允价值减去出售费用后的净额增加，因恢复以前减记的金额而转回的资产减值损失；

（3）持有待售的非流动资产或处置组的处置损益。

刷提高

276. 【答案】C 【解析】本题考查持有待售类别的计量——划分为持有待售类别后的计量。

(1) 2×21 年 12 月 31 日，利润表中"利润总额"项目减少的金额 = 1 + 6 = 7（万元），选项 A 错误；

(2) 甲公司该设备满足划分为持有待售类别的条件，2×21 年 12 月 31 日，资产负债表中"持有待售资产"项目增加 30 万元，选项 B 错误；

(3) 持有待售资产在持有期间不计提折旧（或摊销），选项 C 正确；

(4) 2×22 年 6 月 30 日，该设备的公允价值减去处置费用后的净额为 35 万元，高于其账面价值 30 万元。但是因为与之相关的资产减值损失是在划分为持有待售类别之前确认的，故该部分资产减值损失不得转回，选项 D 错误。

277. 【答案】BC 【解析】本题考查持有待售类别的计量——划分为持有待售类别后的计量。划分为持有待售资产后不计提折旧，因此 2×21 年度计提的折旧 = 4 800/10×6/12 = 240（万元），选项 A 错误；2×21 年 6 月 30 日，确认持有待售资产初始入账金额 = 4 800 − 4 800/10×6/12 = 4 560（万元），选项 B 正确；2×21 年 12 月 31 日，计提持有待售资产减值准备 = 4 560 − 4 500 = 60（万元），选项 C 正确；不应确认资产处置损益，选项 D 错误。

278. 【答案】√ 【解析】本题考查持有待售类别的计量——划分为持有待售类别时的计量。尽管该零售门店是一个处置组，也符合持有待售类别的划分条件，但由于它只是一个零售点，不能代表一项独立的主要业务或一个单独的主要经营地区，也不构成拟对一项独立的主要业务或一个单独的主要经营地区进行处置的一项相关联计划的部分，因此该处置组并不构成企业的终止经营。

刷易错

279. 【答案】D 【解析】本题考查某些特定持有待售类别分类的具体应用。

(1) 由于 F 企业集团仍然拥有对甲公司的控制权，该长期股权投资并不是"主要通过出售而非持续使用收回其账面价值"的，因此不应当将拟处置的部分股权划分为持有待售类别，选项 A 错误；

(2) F 企业集团应当在母公司个别财务报表中将拥有的子公司全部股权对应的长期股权投资划分为持有待售类别，在合并财务报表中将子公司所有资产和负债划分为持有待售类别，选项 B 错误；

(3) F 集团出售丙公司股权所对应的长期股权投资，由于出售前后一直采用权益法核算，所以不应将拟处置的部分股权划分为持有待售类别，选项 C 错误。

【提示】持有待售资产和负债不应当相互抵销。"持有待售资产"和"持有待售负债"应当分别作为流动资产和流动负债列示。

280.【答案】ABC 【解析】本题考查终止经营的定义。终止经营，是指企业满足下列条件之一的、能够单独区分的组成部分，且该组成部分已经处置或划分为持有待售类别：（1）该组成部分代表一项独立的主要业务或一个单独的主要经营地区；（2）该组成部分是拟对一项独立的主要业务或一个单独的主要经营地区进行处置的一项相关联计划的一部分；（3）该组成部分是专为转售而取得的子公司，选项 A、B、C 正确。

281.【答案】× 【解析】本题考查持有待售类别的计量——划分为持有待售类别前的计量。企业对持有待售资产计提的减值准备可以转回。但划分为持有待售前的减值不能转回。

【总结】持有待售资产减值的转回。

类型	具体情形
不得转回	（1）一般资产转为持有待售资产前计提的减值； （2）购入即作为持有待售资产在购入时确认的减值
可以转回	（1）一般资产转为持有待售资产时产生的减值； （2）划分为持有待售资产后产生的减值

刷通关

282.【答案】A 【解析】本题考查持有待售类别的计量——划分持有待售类别时的计量。

（1）甲公司取得的乙公司股权，属于转为转售而取得的股权，所以应当将其划分为持有待售类别，记入"持有待售资产"科目，选项 B 错误。

（2）对于取得日划分为持有待售类别的非流动资产或处置组，企业应当在初始计量时比较假定其不划分为持有待售类别情况下的初始计量金额和公允价值减去出售费用后的净额，以两者孰低计量。

①当日，假定不划分为持有待售类别情况下的初始计量金额 = 2 000 万元。

②当日，公允价值减去出售费用后的净额 = 1 990 万元。

因为，当日不划分为持有待售类别情况下的初始计量金额 2 000 万元大于公允价值减去出售费用后的净额 1 990 万元，所以，甲公司取得的乙公司股权，应当按照 1 990 万元记入"持有待售资产"科目，且不确认"管理费用"，选项 C 错误，选项 A 正确。

（3）2×23 年 3 月 31 日，乙公司股权的公允价值减去出售费用的净额为 2 005 万元，大于持有待售资产的账面价值 1 990 万元，不作账务处理，选项 D 错误。

283. 【答案】ABC 【解析】本题考查持有待售类别的计量——划分为持有待售类别后的计量。

（1）企业初始计量或在资产负债表日重新计量持有待售的非流动资产或处置组时，其账面价值高于公允价值减去出售费用后的净额的，应当将账面价值减记至公允价值减去出售费用后的净额，减记的金额确认为资产减值损失，计入当期损益，同时计提持有待售资产减值准备。

①2×23 年 11 月 30 日，甲公司与乙公司签订合同时，固定资产账面价值 = 600 - 385 = 215（万元）。

②2×23 年 11 月 30 日，甲公司与乙公司签订合同时，公允价值减去出售费用后的净额 = 200 - 10 = 190（万元）。

因为，固定资产账面价值大于公允价值减去出售费用后的净额，所以应将固定资产的账面价值减记至公允价值减去出售费用后的净额，减记的金额确认为资产减值损失，同时计提持有待售资产减值准备。应确认的减值损失金额 = 215 - 190 = 25（万元），选项 C 正确。

（2）持有待售的非流动资产不应计提折旧，所以，2×23 年全年计提折旧额 = 11 × 5 = 55（万元），选项 B 正确。

（3）2×23 年末，该资产尚未出售，应按照账面价值 190 万元列入资产负债表的"持有待售资产"项目，选项 D 错误，选项 A 正确。

284. 【答案】× 【解析】本题考查持有待售类别的计量——终止确认。持有待售的非流动资产或处置组在终止确认时，应将尚未确认的利得或损失转入当期损益（即资产处置损益）。

285. 【答案及解析】

（1）①计提折旧与摊销：

借：管理费用	6 000	
贷：累计折旧		5 000
累计摊销		1 000

②其他债权投资的公允价值下跌：

借：其他综合收益	20 000	
贷：其他债权投资		20 000

③计提固定资产减值准备：

借：资产减值损失	30 000	
贷：固定资产减值准备		30 000

（2）①2×22 年 6 月 15 日，该处置组的账面价值 = （310 000 + 270 000 + 300 000 + 380 000 + 1 100 000 + 950 000 + 200 000）- （10 000 + 100 000 + 30 000 + 15 000 + 14 000 + 5 000 + 310 000 + 560 000 + 250 000 + 6 000 + 20 000 + 30 000）= 2 160 000

（元）；

②2×22 年 6 月 15 日，该处置组的公允价值减去出售费用后的净额 = 1 900 000 – 70 000 = 1 830 000（元）；

③2×22 年 6 月 15 日，该处置组应计提的减值准备金额 = 2 160 000 – 1 830 000 = 330 000（元）；

④根据《企业会计准则第 42 号——持有待售的非流动资产、处置组和终止经营》的规定，应当先抵减处置组中商誉的账面价值，剩余金额再根据固定资产、无形资产账面价值所占比重，按比例抵减其账面价值。

a. 商誉应分摊的减值准备金额 = 200 000 元；

b. 固定资产应分摊的减值准备金额 =（330 000 – 200 000）× 1 020 000/（1 020 000 + 930 000）= 68 000（元）；

c. 无形资产应分摊的减值准备金额 =（330 000 – 200 000）× 930 000/（1 020 000 + 930 000）= 62 000（元）。

会计分录如下：

借：持有待售资产——库存现金		310 000
——应收账款		270 000
——库存商品		300 000
——其他债权投资		360 000
——固定资产		1 020 000
——无形资产		930 000
——商誉		200 000
坏账准备		10 000
存货跌价准备		100 000
累计折旧		35 000
固定资产减值准备		45 000
累计摊销		15 000
无形资产减值准备		5 000
贷：持有待售资产减值准备——坏账准备		10 000
——存货跌价准备		100 000
库存现金		310 000
应收账款		270 000
库存商品		300 000
其他债权投资		360 000
固定资产		1 100 000
无形资产		950 000
商誉		200 000
借：应付账款		310 000

其他应付款	560 000
预计负债	250 000
贷：持有待售负债——应付账款	310 000
——其他应付款	560 000
——预计负债	250 000
借：资产减值损失	330 000
贷：持有待售资产减值准备——商誉	200 000
——固定资产	68 000
——无形资产	62 000

（3）相关会计分录如下：

借：持有待售资产——其他债权投资	10 000
贷：其他综合收益	10 000

（4）①2×22年6月30日，该处置组的账面价值=1 830 000+10 000=1 840 000（元）；

②2×22年6月30日，该处置组的公允价值减去出售费用后的净额=1 910 000−45 000=1 865 000（元）；

③由于该处置组的公允价值减去出售费用后的净额高于其账面价值，所以不应计提减值准备，应当转回的减值准备金额的上限为130 000元（但已抵减的商誉账面价值和划分为持有待售类别前的减值准备金额不得转回）。

a. 该处置组可转回的减值损失金额=1 865 000−1 840 000=25 000（元）。

b. 固定资产按账面价值比例应转回的账面价值的金额=25 000×952 000/（952 000+868 000）=13 077（元）。

c. 无形资产按账面价值比例应转回的账面价值的金额=25 000×868 000/（952 000+868 000）=11 923（元）。

④会计分录如下：

借：持有待售资产减值准备——固定资产	13 077
——无形资产	11 923
贷：资产减值损失	25 000

（5）相关会计分录如下：

①2×22年9月1日，预收处置款：

借：银行存款	1 000 000
贷：预收账款	1 000 000

②2×22年9月19日，支付维修费用和律师、注册会计师专业咨询费用：

借：资产处置损益	5 000
贷：银行存款	5 000
借：资产处置损益	37 000
贷：银行存款	37 000

③2×22 年 9 月 19 日，A 企业收到 B 企业以银行存款支付剩余转让价款：

借：银行存款		914 000
预收账款		1 000 000
持有待售资产减值准备——坏账准备		10 000
——存货跌价准备		100 000
——固定资产		54 923
——无形资产		50 077
——商誉		200 000
持有待售负债——应付账款		310 000
——其他应付款		560 000
——预计负债		250 000
贷：持有待售资产——库存现金		310 000
——应收账款		270 000
——库存商品		300 000
——其他债权投资		370 000
——固定资产		1 020 000
——无形资产		930 000
——商誉		200 000
资产处置损益		49 000
借：资产处置损益		10 000
贷：其他综合收益		10 000

第二十一章　企业合并与合并财务报表

刷基础

286. 【答案】C　【解析】本题考查非同一控制下吸收合并的会计处理。

(1) 非同一控制下的吸收合并,购买方在购买日应当将合并中取得的符合确认条件的各项资产、负债,按其公允价值确认为本企业的资产和负债,选项 D 错误。

(2) 作为合并对价的有关非货币性资产按处置非货币性资产进行处理,相关的资产处置损益计入合并当期的利润表,选项 A 错误。

(3) 确定的企业合并成本与所取得的被购买方可辨认净资产公允价值的差额,视情况分别确认为商誉或是作为企业合并当期的损益计入利润表。其具体处理原则与非同一控制下的控股合并类似,不同点在于,在非同一控制下的吸收合并中,合并中取得的可辨认资产和负债是作为个别报表中的项目列示,选项 B 错误。

(4) 合并中产生的商誉也是作为购买方个别财务报表中的资产列示,选项 C 正确。

287. 【答案】C　【解析】本题考查合并财务报表编制的前期准备事项。在编制财务报表前,应当尽可能统一母公司和子公司的会计政策,统一要求子公司所采用的会计政策与母公司保持一致,但会计估计不包含在内,选项 A、B 错误;子公司(戊公司)闲置不用但没有明确处置计划的机器设备,不满足划分为持有待售的非流动资产需要同时满足的两点条件,即可立即出售与出售极可能发生,选项 D 错误。

288. 【答案】C　【解析】本题考查合并资产负债表——编制合并资产负债表时应进行抵销处理的项目(内部债权与债务的抵销处理)。甲公司应编制的合并抵销分录如下:

借: 应付账款　　　　　　　　　　　　　　　　600
　　贷: 应收账款　　　　　　　　　　　　　　　　　　600
借: 应收账款——减值准备　　　　　　　　　　　25
　　贷: 未分配利润——年初　　　　　　　　　　　　　25
借: 未分配利润——年初　　　　　　　　　　　6.25
　　贷: 递延所得税资产　　　　　　　　　　　　　　　6.25
借: 应收账款——坏账准备　　　　　　　　　　　5
　　贷: 信用减值损失　　　　　　　　　　　　　　　　5
借: 所得税费用　　　　　　　　　　　　　　　1.25

　　　　　　　　贷：递延所得税资产　　　　　　　　　　　　　　　　　　1.25

抵销内部应收款项对甲公司 2×22 年合并财务报表中净利润的影响额 = 5 − 1.25 = 3.75（万元），选项 C 正确。

289. 【答案】A 【解析】本题考查编制合并现金流量表时应进行抵销处理的项目。编制合并现金流量表时，应将母公司与子公司、子公司相互之间当期取得投资收益收到的现金与分配股利、利润或偿付利息支付的现金进行抵销。所以，当年甲公司合并现金流量表中"取得投资收益收到的现金"项目列示的金额 = 300 − 48 + 90 = 342（万元），选项 A 正确。

290. 【答案】CD 【解析】本题考查同一控制下吸收合并的会计处理。

（1）在同一控制下的吸收合并中，合并方取得的资产、负债应当按照相关资产、负债在被合并方的原账面价值入账，选项 A 错误。

（2）发行权益性证券作为合并对价的，与所发行权益性证券相关的佣金、手续费等应按照《企业会计准则第 37 号——金融工具列报》的规定处理。即与发行权益性证券相关的费用，不论其是否与企业合并直接相关，均应自所发行权益性证券的发行收入中扣减。在权益性工具发行有溢价的情况下，自溢价收入中扣除；无溢价或溢价金额不足以扣减的情况下，应当冲减盈余公积和未分配利润，选项 B 错误。

291. 【答案】× 【解析】本题考查同一控制下企业合并的判断。通常情况下，同一控制下的企业合并是指发生在同一企业集团内部企业之间的合并。同受国家控制的企业之间发生的合并，不应仅仅因为参与合并各方在合并前后均受国家控制而将其作为同一控制下的企业合并。

292. 【答案】× 【解析】本题考查财务报表列报的基本要求。项目单独列报的原则不仅适用于报表，还适用于附注。

刷提高

293. 【答案】A 【解析】本题考查同一控制下控股合并的会计处理。同一控制下企业合并形成的控股合并，在确认长期股权投资初始投资成本时，应按《企业会计准则第 13 号——或有事项》的规定，判断是否应就或有对价确认预计负债或者确认资产，以及应确认的金额；确认预计负债或资产的，该预计负债或资产金额与后续或有对价结算金额的差额不影响当期损益，而应当调整资本公积（资本溢价或股本溢价），资本公积（资本溢价或股本溢价）不足冲减的，调整留存收益。

甲公司应作会计分录如下：

（1）2×21 年 12 月 31 日，甲公司取得乙公司 100% 的股权：

借：长期股权投资　　　　　　　　　　　　　　　　　　11 600

　　贷：股本　　　　　　　　　　　　　　　　　　　　　　2 500

预计负债	500
资本公积——股本溢价	8 600

（2）2×22 年 12 月 31 日，乙公司实现净利润 1 800 万元：

借：预计负债	500	
贷：银行存款		500

选项 A 正确。

294.【答案】B 【解析】本题考查非同一控制下控股合并的会计处理。以银行存款支付咨询费，应通过"管理费用"科目核算，不影响企业合并的成本。因此，甲公司该企业合并的合并成本 = 2 000 × 4 + 100 = 8 100（万元），选项 B 正确。

会计分录如下：

借：长期股权投资	8 100	
贷：股本		2 000
资本公积		6 000
预计负债		100

295.【答案】C 【解析】本题考查合并资产负债表——编制合并资产负债表时应进行抵销处理的项目（内部固定资产交易的抵销处理）。

（1）内部交易抵销的固定资产增值部分 = 610 − 450 = 160（万元）；

（2）2×22 年固定资产多计提的折旧额 = (610 − 450)/10 × 3/12 = 4（万元）；

甲公司会计分录如下：

借：资产处置收益	160	
贷：固定资产——原价		160
借：固定资产——累计折旧	4	
贷：存货		4

选项 A、B、D 错误，选项 C 正确。

【拓展解答】

借：资产处置收益	160	
贷：固定资产——原价		160
借：固定资产——累计折旧	4	
贷：营业成本		2.4
存货		1.6

296.【答案】ABC 【解析】本题考查财务报表列报的基本要求。编制合并所有者权益变动表时需要进行抵销处理的项目，主要有：

（1）母公司对子公司的长期股权投资与母公司在子公司所有者权益中所享有的份额相互抵销；

（2）母公司对子公司、子公司相互之间持有对方长期股权投资的投资收益应当抵销等；

（3）母公司与子公司、子公司相互之间发生的其他内部交易对所有者权益变动的影响。

选项 A、B、C 正确。

刷易错

297.【答案】C 【解析】本题考查合并资产负债表——编制合并资产负债表时应进行抵销处理的项目（长期股权投资与子公司所有者权益的抵销处理）。在企业合并（不区分同一控制下企业合并或非同一控制下企业合并）中，调整子公司净利润时都不需要考虑内部交易，只考虑评估增值，这是因为合并报表中有专门抵销内部交易未实现内部交易损益的分录，因此，在这里无须再考虑。2×22 年末合并财务报表中应抵销的长期股权投资金额 =（7 500 + 1 500）×80% = 7 200（万元），选项 C 正确。

298.【答案】× 【解析】本题考查合并方为进行企业合并发生的有关费用的处理。同一控制下企业中，以发行债券方式进行的企业合并，与发行债券相关的佣金、手续费等应按照《企业会计准则第 22 号——金融工具确认和计量》的规定处理。即该部分费用虽然与筹集用于企业合并的对价直接相关，但应计入负债的初始计量金额中。其中债券如为折价发行的，该部分费用应增加折价的金额；债券如为溢价发行的，该部分费用应减少溢价的金额。

299.【答案】√ 【解析】本题考查编制合并资产负债表时应进行抵销处理的项目。子公司持有母公司的长期股权投资，应当视为企业集团的库存股，作为所有者权益的减项，在合并资产负债表中所有者权益项目下以"减：库存股"项目列示。

刷通关

300.【答案】C 【解析】本题考查非同一控制下控股合并的会计处理。

（1）长期股权投资的初始入账价值 = 6 500 + 3 100 = 9 600（万元），选项 A 错误；

（2）支付的资产评估费 100 万元，应记入"管理费用"科目，选项 B 错误；

（3）合并中形成的商誉 = 9 600 − [10 000 + 1 000 ×（1 − 25%）] × 80% = 1 000（万元），选项 C 正确；

（4）该交易对甲公司个别报表中营业利润的影响额 = 6 500 − 5 000 = 1 500（万元），选项 D 错误。

会计分录如下：

借：长期股权投资　　　　　　　　　　　　　　　　　9 600

　　累计摊销　　　　　　　　　　　　　　　　　　　3 000

　　　贷：无形资产　　　　　　　　　　　　　　　　　　　　8 000

其他权益工具投资——成本	2 400
——公允价值变动	600
资产处置损益	1 500
盈余公积——法定盈余公积	10
利润分配——未分配利润	90
借：其他综合收益	600
贷：盈余公积——法定盈余公积	60
利润分配——未分配利润	540

301. 【答案】D 【解析】本题考查非同一控制下企业合并的会计处理原则。支付的其他权益工具投资的公允价值与账面价值的差额，应计入其他综合收益，不影响当期损益，选项A错误；以库存商品作为对价应负担的增值税，应计入长期股权投资，不影响当期损益，选项B错误；向证券承销商支付的证券承销费用，应计入资本公积，不影响当期损益，选项C错误；为进行企业合并所支付的审计费用，应计入管理费用，选项D正确。

302. 【答案】D 【解析】本题考查合并资产负债表——编制合并资产负债表时应进行抵销处理的项目（存货价值中包含的未实现内部销售损益的抵销处理）。2×22年12月31日，甲公司合并资产负债表中存货项目的列报金额 = 2 000 + 1 000 − (300 − 200) × (1 − 40%) = 2 940（万元），选项D正确。

相关合并抵销分录如下：

借：营业收入	300
贷：营业成本	240
存货	60

303. 【答案】B 【解析】本题考查合并资产负债表——子公司发生超额亏损在合并资产负债表中的反映。2×22年12月31日，甲公司合并资产负债表中少数股东权益项目列报的金额 = 1 050 − 6 500 × 20% + 1 000 × 20% = −50（万元），选项B正确。

304. 【答案】ABC 【解析】本题考查购买子公司少数股权的会计处理。母公司新取得的长期股权投资成本与按照新增持股比例计算应享有子公司自购买日（或合并日）开始持续计算的可辨认净资产份额之间的差额，应当调整合并财务报表中的资本公积（资本溢价或股本溢价），资本公积（资本溢价或股本溢价）的余额不足冲减的，调整留存收益，选项D错误。

305. 【答案】CD 【解析】本题考查编制合并资产负债表时应进行抵销处理的项目。

(1) 甲公司将成本50万元的存货以80万元的价格出售给乙公司，至年末乙公司尚未对外出售，属于顺流交易，该业务编制合并抵销分录时，不影响乙公司的损益，所以不会影响少数股东权益，选项A错误。

(2) 甲公司对应收乙公司账款计提20万元的信用减值损失，属于顺流交易产生，该业务编制合并抵销分录时，不影响乙公司的损益，所以不会影响少数股东权益，选项 B 错误。

（3）乙公司将 40 万元的存货出售给甲公司，当年甲公司已对外出售了 60%，属于逆流交易，该业务编制合并抵销分录时，会影响乙公司的损益，所以会影响少数股东权益，选项 C 正确。

（4）乙公司将账面价值为 200 万元的固定资产以 300 万元的价格出售给甲公司，甲公司作为管理用固定资产核算，属于逆流交易，该业务编制合并抵销分录时，会影响乙公司的损益，所以会影响少数股东权益，选项 D 正确。

306. 【答案】× 【解析】本题考查按权益法调整对子公司的长期股权投资。合并报表编制时，已通过调整抵销分录对净利润进行调整，所以调整子公司的利润时不考虑内部交易影响。

307. 【答案】× 【解析】本题考查合并利润表——报告期内增加或处置子公司以及业务。母公司在报告期内处置子公司以及业务，应当将该子公司以及业务期初至处置日的收入、费用、利润纳入合并利润表。

308. 【答案】× 【解析】本题考查合并现金流量表——合并现金流量表中有关少数股东权益项目的反映。对于子公司的少数股东增加在子公司中的权益性投资，在合并现金流量表中应当在"筹资活动产生的现金流量"中反映。

309. 【答案及解析】

（1）①甲公司合并 A 公司股权属于吸收合并。

②理由：合并后，A 公司的独立法人资格取消，且相关资产、负债应并入甲公司的财务报表中。

③合并产生的商誉 = 10 000 − 9 000 = 1 000（万元）。

④会计分录如下：

借：交易性金融资产   1 200
　　库存商品   3 000
　　固定资产   6 800
　　商誉   1 000
　　　贷：长期借款   2 000
　　　　股本   2 500
　　　　资本公积   7 500

（2）①甲公司购入 A 公司股份属于企业合并。

②理由：收购完成后，A 公司董事会进行重组，7 名董事中 5 名由甲公司委派，且 A 公司所有生产经营和财务管理重大决策须由半数以上董事表决通过。甲公司能够控制 A 公司。

③属于非同一控制下企业合并。

④理由：甲公司与 A 公司之间不存在任何关联关系。

⑤购买日是 2×22 年 9 月 11 日。

（3）①甲公司在购买日的长期股权投资金额 = 10 000 万元。

②支付的价款与长期股权投资金额之间差额，应调整所有者权益相关项目，应当首先调整资本公积（资本溢价或股本溢价），资本公积（资本溢价或股本溢价）的余额不足冲减的，应冲减留存收益。

③甲公司支付的审计、法律服务、咨询等费用应于发生时费用化计入当期损益。

（4）①甲公司自 B 公司少数股东处购入股权的入账价值 = 3 500 万元。

②会计分录：

借：长期股权投资　　　　　　　　　　　　　　　　　　　　3 500

　　累计摊销　　　　　　　　　　　　　　　　　　　　　　　300

　　　贷：无形资产　　　　　　　　　　　　　　　　　　　　　　3 000

　　　　　资产处置损益　　　　　　　　　　　　　　　　　　　　　800

③甲公司自 B 公司少数股东处购入 B 公司 10% 股权所支付价款与新增长期股权投资相对应享有的 B 公司自购买日持续计算的可辨认净资产的份额的差额，实质上是股东之间的权益性交易，不能调整合并财务报表中已确认的商誉或损益，只能调整资本公积，资本公积不足冲减的金额，应继续调整留存收益。

310.【答案及解析】

（1）合并商誉 = 672 –（1 030 + 25）× 60% = 39（万元）；

少数股东权益 =（1 030 + 25）× 40% = 422（万元）。

（2）甲公司 2×22 年在乙公司宣告和实际分派现金股利时的相关会计分录如下：

借：应收股利　　　　　　　　　　　　　　　　　　　　　　　90

　　　贷：投资收益　　　　　　　　　　　　　　　　　　　　　　　90

借：银行存款　　　　　　　　　　　　　　　　　　　　　　　90

　　　贷：应收股利　　　　　　　　　　　　　　　　　　　　　　　90

（3）甲公司 2×22 年 12 月 31 日编制合并资产负债表和合并利润表时相关的调整分录如下：

借：存货　　　　　　　　　　　　　　　　　　　　　　　　　25

　　　贷：资本公积　　　　　　　　　　　　　　　　　　　　　　　25

借：营业成本　　　　　　　　　　　　　　　　　　　　　　　20

　　　贷：存货　　　　　　　　　　　　　　　　　　　　　　　　　20

乙公司 2×22 年调整后的净利润 = 390 – 20 = 370（万元）；

甲公司确认的投资收益 = 370 × 60% = 222（万元）。

借：长期股权投资　　　　　　　　　　　　　　　　　　　　222

　　　贷：投资收益　　　　　　　　　　　　　　　　　　　　　　222

借：投资收益　　　　　　　　　　　　　　　　　　　　　　　90

　　　贷：长期股权投资　　　　　　　　　　　　　　　　　　　　　90

（4）甲公司 2×22 年 12 月 31 日编制合并财务报表时与内部债权债务相关的抵销分录如下：

借：应付账款　　　　　　　　　　　　　　　　　　　　　　580

贷：应收账款	580
借：应收账款	30
贷：信用减值损失	30

（5）甲公司 2×22 年 12 月 31 日编制合并财务报表时长期股权投资与子公司所有者权益的抵销分录如下：

借：股本	600
资本公积	150
盈余公积	189
其他综合收益	20
未分配利润——年末	316
商誉	39
贷：长期股权投资	804
少数股东权益	510

【提示 1】合并财务报表中按权益法调整后的长期股权投资账面价值 = 672 + 222 − 90 = 804（万元）。

【提示 2】调整后的未分配利润年末金额 = 135 + 370 − 39 − 150 = 316（万元）。

（6）甲公司 2×22 年 12 月 31 日编制合并财务报表时内部确认投资收益与子公司利润分配的抵销分录如下：

借：投资收益	（370×60%）	222
少数股东损益	（370×40%）	148
未分配利润——年初	（资料一）	135
贷：提取盈余公积	（资料二）	39
对所有者（或股东）的分配	（资料二）	150
未分配利润——年末	（135 + 370 − 39 − 150）	316

（7）甲公司 2×23 年 12 月 31 日编制合并财务报表时与内部债权债务相关的抵销分录如下：

借：应付账款	570
贷：应收账款	570
借：应收账款	30
贷：未分配利润——年初	30
借：应收账款	15
贷：信用减值损失	15

第二十二章 会计政策、会计估计变更和差错更正

刷基础

311. 【答案】C 【解析】本题考查会计估计变更的概念。

(1) 将投资性房地产后续计量方法由成本模式变更为公允价值模式与把发出存货的计价方法由先进先出法变更为移动加权平均法,均属于会计政策变更,选项A、D错误。

(2) 因追加投资将长期股权投资的核算方法由权益法转为成本法,属于当期正常业务,不属于会计估计变更,选项B错误。

312. 【答案】AB 【解析】本题考查会计政策变更及其条件。下列情形不属于会计政策变更:

(1) 本期发生的交易或者事项与以前相比具有本质差别而采用新的会计政策;(选项C错误)

(2) 对初次发生的或不重要的交易或者事项采用新的会计政策。(选项D错误)

刷提高

313. 【答案】C 【解析】本题考查会计估计变更的会计处理。

(1) 对M产品保修费率的调整,应作为会计估计变更,并采用未来适用法进行会计处理,选项A错误;

(2) 对M产品保修费率的调整作为会计估计变更,应从2×23年7月开始采用未来适用法,选项B错误;

(3) M产品保修费率的调整不属于前期差错更正,不应进行追溯重述,选项D错误。

314. 【答案】ABC 【解析】本题考查会计估计变更的会计处理。企业难以对某项变更区分为会计政策变更或会计估计变更的,应当将其作为会计估计变更处理,选项D错误。

315. 【答案】√ 【解析】本题考查会计估计变更的概念。企业进行会计估计,总是要依赖于一定的基础,如果其所依赖的基础发生了变化,则会计估计也应相应作出

改变。例如，企业某项无形资产的摊销年限原定为 15 年，以后获得了国家专利保护，该资产的受益年限已变为 10 年，则应相应调减摊销年限。

刷易错

316.【答案】B　【解析】本题考查会计政策变更的会计处理。所得税的核算方法由应付税款法变更为资产负债表债务法属于会计政策变更，采用追溯调整法进行会计处理。会计处理如下表所示。

单位：万元

年份	计提折旧（企业）	计提折旧（税法）	应纳税暂时性差异	递延所得税负债	累计影响数
2×21	300	500	200	50	50
2×22	300	400	300	75	75

317.【答案】BD　【解析】本题考查前期差错更正的会计处理。对于重要的前期会计差错，应当采用追溯重述法，选项 B 正确；对于不重要的前期差错，可以采用未来适用法，选项 D 正确。

318.【答案】√　【解析】本题考查会计政策变更的会计处理。在当期期初确定会计政策变更对以前各期累积影响数不切实可行的，应当采用未来适用法处理。

刷通关

319.【答案】A　【解析】本题考查前期差错更正的会计处理。差错更正对 2×24 年初留存收益产生的影响 = 12 × 10 × (1 − 25%) = 90（万元），选项 A 正确。

320.【答案】ABCD　【解析】本题考查前期差错更正的会计处理。甲公司应作会计分录如下：

借：固定资产　　　　　　　　　　　　　　　　　　　　　1 000

　　贷：实收资本　　　　　　　　　　　　　　　　　　　　　　　1 000

借：以前年度损益调整　　　　　　　　　　　　　　　　　　200

　　贷：累计折旧　　　　　　　　　　　　　　　　　　　　　　　　200

借：盈余公积　　　　　　　　　　　　　　　　　　　　　　　20

　　利润分配——未分配利润　　　　　　　　　　　　　　180

　　　　贷：以前年度损益调整　　　　　　　　　　　　　　　　　200

借：管理费用　　　　　　　　　　　　　　　　　　　　200

　　贷：累计折旧　　　　　　　　　　　　　　　　　　　　　　200

选项 A、B、C、D 正确。

321. 【答案】×　【解析】前期差错按照重要程度分为重要的前期差错和不重要的前期差错。其中，重要的前期差错，是指足以影响财务报表使用者对企业财务状况、经营成果和现金流量作出正确判断的前期差错。

第二十三章　资产负债表日后事项

刷基础

322.【答案】C　【解析】本题考查资产负债表日后事项的概念。资产负债表日后事项是资产负债表日至财务报告批准报出日之间的有利事项或不利事项，选项A错误；年度资产负债表日是指每年的12月31日，中期资产负债表日是指各会计中期期末，选项B错误；资产负债表日后事项不是在这个特定期间内发生的全部事项，而是与资产负债表日存在状况有关的事项，或虽然与资产负债表日存在状况无关，但对企业财务状况具有重大影响的事项，选项D错误。

323.【答案】ABC　【解析】本题考查资产负债表日后事项的内容。资产负债表日后资产价格、税收政策、外汇汇率发生重大变化属于资产负债表日后非调整事项，选项D错误。

324.【答案】×　【解析】本题考查资产负债表日后调整事项的具体会计处理方法。资产负债表日后事项如涉及现金收支项目，均不调整报告年度资产负债表的货币资金项目和现金流量表各项目数字。

刷提高

325.【答案】B　【解析】本题考查资产负债表日后调整事项的账务处理。调整事项中，只有涉及损益的通过"以前年度损益调整"科目进行账务处理。调整增加以前年度利润或调整减少以前年度亏损的事项，记入"以前年度损益调整"科目的贷方，调整减少以前年度利润或调整增加以前年度亏损的事项，记入"以前年度损益调整"科目的借方，选项B不正确。

326.【答案】ACD　【解析】本题考查资产负债表日后调整事项的具体会计处理方法。

（1）因甲公司预计败诉的概率为90%，所以甲公司应根据需支付的赔偿金30万元，确认预计负债，选项A正确。

（2）该诉讼发生于资产负债表日前，所以甲公司应于2×22年12月31日的附注中进行披露，选项B错误。

（3）2×23年2月20日，法院判决乙公司胜诉，并要求甲公司于1个月内向其支付赔偿金50万元，由于2×22年度已经确认预计负债30万元，应调整期初留存收益20万元，选项C正确。

（4）2×23年2月28日，甲公司资产负债表中"其他应付款"项目的增加额＝20＋30＝50（万元），选项D正确。

根据上述业务，甲公司应作如下会计分录：

2×22年11月30日，甲公司确认预计负债：

借：营业外支出　　　　　　　　　　　　　　　　30

　　贷：预计负债　　　　　　　　　　　　　　　　　　30

2×23年2月20日，甲公司败诉：

借：以前年度损益调整　　　　　　　　　　　　　20

　　贷：其他应付款　　　　　　　　　　　　　　　　　20

借：预计负债　　　　　　　　　　　　　　　　　30

　　贷：其他应付款　　　　　　　　　　　　　　　　　30

327.【答案】√【解析】本题考查资产负债表日后调整事项的具体会计处理方法。资产负债表所属期间或以前期间所售商品在资产负债表日后退回的，应作为资产负债表日后调整事项处理。

刷易错

328.【答案】B【解析】本题考查资产负债表日后事项涵盖的期间。根据资产负债表日后事项涵盖期间的规定，该上市公司2×22年度财务报告资产负债表日后事项涵盖的期间为2×23年1月1日至4月12日（财务报告批准报出日），选项B正确。

329.【答案】ABCD【解析】本题考查资产负债表日后调整事项的处理原则。资产负债表日后发生调整事项应相应调整资产负债表日已编制的会计报表，这里的会计报表指的是资产负债表、利润表及所有者权益变动表等内容，而现金流量表正表本身不调整，但现金流量表补充资料的相关项目应进行调整，调整后并不影响经营活动现金流量的总额，选项A、B、C、D正确。

330.【答案】×【解析】本题考查资产负债表日后非调整事项的具体会计处理方法。资产负债表日后，企业利润分配方案中拟分配的以及经审议批准宣告发放的股利或利润，不确认为资产负债表日负债，但应当在财务报表附注中单独披露。

刷通关

331.【答案】C【解析】本题考查资产负债表日后事项的内容。企业发生的资产负债表日后调整事项，通常包括下列各项：

（1）资产负债表日后诉讼案件结案，法院判决证实了企业在资产负债表日已经存在现时义务，需要调整原先确认的与该诉讼案件相关的预计负债，或确认一项新负债；

（2）资产负债表日后取得确凿证据，表明某项资产在资产负债表日发生了减值或者需要调整该项资产原先确认的减值金额；

（3）资产负债表日后进一步确定了资产负债表日前购入资产的成本或售出资产的收入；

（4）资产负债表日后发现了财务报告舞弊或差错。

选项 C 正确。

332.【答案】AC 【解析】本题考查资产负债表日后事项的内容——调整事项。资产负债表日后发生的资本公积转增资本和外汇汇率发生重大变化，属于资产负债表日后非调整事项，选项 B、D 错误。

333.【答案】AB 【解析】本题考查资产负债表日后事项的内容——非调整事项。

（1）2×23 年 2 月 11 日，收到客户退回 2×22 年 11 月销售的部分商品，属于资产负债表日调整事项，选项 C 错误。

（2）利润分配方案中提取盈余公积属于调整事项，其他的利润分配事项都属于非调整事项，选项 D 错误。

334.【答案】× 【解析】本题考查资产负债表日后非调整事项的具体会计处理方法。企业在资产负债表日后发行股票、债券以及向银行或非银行金融机构举借巨额债务都是比较重大的事项，虽然这一事项与企业资产负债表日的存在状况无关，但这一事项的披露能使财务报告使用者了解与此有关的情况及可能带来的影响，因此应当在财务报表附注中进行披露，属于非调整事项，无须对报表相关项目进行调整。

335.【答案及解析】

（1）借：信用减值损失   300

   贷：坏账准备   300

借：递延所得税资产   75

   贷：所得税费用   75

（2）①不属于资产负债表日后调整事项，属于日后非调整事项。

②理由：债务重组是日后期间新发生的事项，在资产负债表日不存在，属于非调整事项。

（3）借：固定资产   2 500

   坏账准备   300

   投资收益   200

   贷：应收账款   3 000

（4）借：银行存款   1 000

   贷：主营业务收入   800

```
           预计负债                              200
借：主营业务成本                        640
   应收退货成本                        160
   贷：库存商品                                800
借：递延所得税资产                      50
   贷：所得税费用                               50
借：所得税费用                          40
   贷：递延所得税负债                           40
（5）借：库存商品                       120
     预计负债                         200
     主营业务成本                       40
     贷：银行存款                              150
        应收退货成本                          160
        主营业务收入                          50
借：所得税费用                          50
   贷：递延所得税资产                           50
借：递延所得税负债                      40
   贷：所得税费用                              40
```

336.【答案及解析】

（1）①甲公司与乙公司的业务的账务处理不正确。

②理由：甲公司为代理人的，应按照已收对价总额扣除应支付给提供该特定商品的第三方的价款后的净额确认收入。

（2）①甲公司与丙公司的业务账务处理不正确。

②理由：甲公司支付的返利属于可变对价，应当调整交易价格，但是不应确认为销售费用。

（3）①甲公司与丁公司的业务的账务处理正确。

②理由：甲公司应当按照产出法确认收入和成本，即按照40%的履约进度确认收入和成本；合同履约成本为属于存货的，应在资产负债表中"存货"项目列示，所以剩余140万元的合同履约成本应在资产负债表的"存货"项目列示。

（4）①甲公司与戊公司的业务账务处理不正确。

②理由：该业务属于具有重大融资成分的合同，甲公司应将收到的款项确认为合同负债。

③更正的会计分录：

```
借：以前年度损益调整                   445
   未确认融资费用                      55
   贷：合同负债                              500
借：盈余公积                           44.5
```

利润分配——未分配利润　　　　　　　　　　　　　　　400.5

　　贷：以前年度损益调整　　　　　　　　　　　　　　　　　　445

（5）①上述会计差错影响营业收入的金额 =（2 000 - 100）+ 165 + 445 = 2 510（万元）。

②上述会计差错影响营业利润的金额 = 2 510 -（1 900 + 165）= 445（万元）。

第二十四章 政府会计

刷基础

337.【答案】A 【解析】本题考查政府会计核算模式。"双基础"下，预算会计实行收付实现制（国务院另有规定的，从其规定），财务会计实行权责发生制，选项B错误；"双报告"下，政府会计主体应当编制决算报告和财务报告，选项C错误；平行记账的基本规则是"单位对于纳入部门预算管理的现金收支业务，在采用财务会计核算的同时应当进行预算会计核算；对于其他业务，仅需进行财务会计核算"，选项D错误。

【总结】政府会计核算模式。

项目		预算会计	财务会计
双功能	要素	预算收入、预算支出、预算结余	资产、负债、净资产、收入、费用
	等式	预算收入－预算支出＝预算结余	资产－负债＝净资产（财务状况） 收入－费用＝本期盈余（运行状况）
双基础		收付实现制	权责发生制
双报告	类型	决算报告	财务报告
	依据	预算会计核算生成的数据	财务会计核算生成的数据
	组成	①预算收入支出表 ②预算结转结余变动表 ③财政拨款预算收入支出表	①资产负债表 ②收入费用表 ③净资产变动表 ④现金流量表（自行选择编制） ⑤附注

338.【答案】ABC 【解析】本题考查政府决算报告和财务报告。根据《政府单位会计制度》规定，预算会计报表至少包括预算收入支出表、预算结转结余变动表和财政拨款预算收入支出表，选项A、B、C正确。

339.【答案】× 【解析】本题考查政府会计准则制度体系的适用范围。总体上讲，政府会计准则适用于上述各级政府、各部门、各单位；《政府单位会计制度》主要适用于不纳入企业财务管理体系的各级各类行政事业单位，《财政总预算会计制度》适用于各级政府财政部门的总会计。

刷提高

340. 【答案】C 【解析】本题考查非财政拨款收支业务。该科研单位的会计处理如下：

(1) 2×23 年 3 月 5 日，收到劳务款时：

①财务会计：

借：银行存款　　　　　　　　　　　　　　　　　　212 000

　　贷：事业收入　　　　　　　　　　　　　　　　　　　200 000

　　　　应交税费——应交增值税（销项税额）　　　　　 12 000

选项 A 错误；

②预算会计：

借：资金结存——货币资金　　　　　　　　　　　　212 000

　　贷：事业预算收入　　　　　　　　　　　　　　　　　212 000

选项 B 错误；

(2) 实际缴纳增值税时：

①财务会计：

借：应交增值税——应交税金（已交税金）　　　　　 12 000

　　贷：银行存款　　　　　　　　　　　　　　　　　　　 12 000

选项 C 正确；

②预算会计：

借：事业支出　　　　　　　　　　　　　　　　　　 12 000

　　贷：资金结存——货币资金　　　　　　　　　　　　　 12 000

选项 D 错误。

341. 【答案】BC 【解析】本题考查财政拨款收支业务。财政授权支付业务下，相关会计处理如下：

(1) 单位收到相关支付凭证。

①财务会计：

借：零余额账户用款额度

　　贷：财政拨款收入

②预算会计：

借：资金结存——零余额账户用款额度

　　贷：财政拨款预算收入

选项 A 错误。

(2) 按规定支用额度。

①财务会计：

借：库存物品等

　　贷：零余额账户用款额度

选项 B 正确；

②预算会计：

借：行政会计等

　　贷：资金结存——零余额账户用款额度

（3）年末，依据代理银行提供的对账单注销额度。

①财务会计：

借：财政应返还额度

　　贷：零余额账户用款额度

②预算会计：

借：资金结存——财政应返还额度

　　贷：资金结存——零余额账户用款额度

选项 C 正确；

（4）下年初恢复用款额度。

①财务会计：

借：零余额账户用款额度

　　贷：财政应返还额度——财政授权支付

②预算会计：

借：资金结存——零余额账户用款额度

　　贷：资金结存——财政应返还额度

（5）政府单位本年度财政授权支付预算指标数大于零余额账户用款额度下达数。

①财务会计：

借：财政应返还额度

　　贷：财政拨款收入

②预算会计：

借：资金结存——财政应返还额度

　　贷：财政拨款预算收入

选项 D 错误。

（6）下年度收到财政部门批复的上年末未下达零余额账户用款额度。

①财务会计：

借：零余额账户用款额度

　　贷：财政应返还额度

②预算会计：

借：资金结存——零余额账户用款额度

　　贷：资金结存——财政应返还额度

342.【答案】√ 【解析】本题考查政府单位会计核算的基本特点。在预算会计处理中，预算收入和预算支出包含了销项税额和进项税额，实际缴纳增值税时计入预算支出。

刷易错

343. 【答案】C 【解析】本题考查政府会计要素及其确认和计量。政府负债的计量属性主要包括历史成本、现值和公允价值，选项 C 正确。政府会计主体在对负债进行计量时，一般应当采用历史成本。

【总结】政府会计中财务会计要素计量属性见下表。

项目	资产	负债
计量属性	历史成本、重置成本、现值、公允价值、名义金额	历史成本、现值、公允价值
一般采用	历史成本	历史成本
特殊	无法采用历史成本、重置成本、现值、公允价值计量的，应采用名义金额计量	—

344. 【答案】ABCD 【解析】本题考查财政拨款收支业务。

（1）财务会计分录：

借：库存物品 10
　贷：财政应返还额度 10

（2）预算会计分录：

借：行政支出 10
　贷：资金结存——财政应返还额度 10

选项 A、B、C、D 正确。

345. 【答案】× 【解析】本题考查政府单位会计核算的基本特点。对于单位受托代理的现金以及应上缴财政的现金等现金收支业务，由于不纳入部门预算管理，也只进行财务会计处理，不需要进行预算会计处理。

刷通关

346. 【答案】A 【解析】本题考查资产业务。公共基础设施是指政府单位为满足社会公共需求而控制的，同时具有以下特征的有形资产：

（1）是一个有形资产系统或网络的组成部分；（选项 B 正确）

（2）具有特定用途；（选项 C 正确）

（3）一般不可移动。（选项 D 正确）

347. 【答案】BD 【解析】本题考查公共基础设施和政府储备物资。因为，行政单位发出的救灾物资能重复使用，所以上述业务该行政单位应作如下会计分录：

（1）发出救灾物资时：

借：政府储备物资——发出　　　　　　　　　　　　　　　　500

　　贷：政府储备物资——在库　　　　　　　　　　　　　　　　500

（2）收回物资时：

借：政府储备物资——在库　　　　　　　　　　　　　　　　400

　　业务活动费用　　　　　　　　　　　　　　　　　　　　100

　　贷：政府储备物资——发出　　　　　　　　　　　　　　　　500

选项 B、D 正确。

348.【答案】× 【解析】本题考查净资产业务。无偿调入的资产，其成本按照调出方账面价值加上相关税费等确定。

第二十五章　民间非营利组织会计

刷基础

349. **【答案】** B **【解析】** 本题考查受托代理业务。由于每台电脑的公允价值与账面价值相差较大，所以每台电脑应当按照公允价值计量，因此，收到电脑时，应借记"受托代理资产"科目90 000元，贷记"受托代理负债"科目90 000元，选项A错误，选项B正确；甲民间非营利组织应当在2×23年12月31日资产负债表中单设"受托代理资产"和"受托代理负债"项目，金额均为90 000元，选项C错误；同时，应当在会计报表附注中披露该受托代理业务的情况，选项D错误。

350. **【答案】** ABC **【解析】** 本题考查净资产。如果资产或者资产所产生的经济利益（如资产的投资收益和利息等）的使用受到资产提供者或者国家有关法律、行政法规所设置的时间限制或（和）用途限制，由此形成的净资产即为限定性净资产。国家有关法律、行政法规对净资产的使用直接设置限制的，该受限制的净资产也应作为限定性净资产。除此之外的其他净资产应作为非限定性净资产，选项A、B、C正确。

351. **【答案】** × **【解析】** 本题考查捐赠收入。捐赠是无偿转让资产或者清偿或取消负债，属于非交换交易。

刷提高

352. **【答案】** B **【解析】** 本题考查受托代理业务。甲企业委托乙基金会向丙企业捐赠设备，属于受托代理业务，乙基金会收到设备时，应作如下会计处理：

借：受托代理资产　　　　　　　　　　　　　　　　　　　10
　　贷：受托代理负债　　　　　　　　　　　　　　　　　　10

选项B正确。

353. **【答案】** ABC **【解析】** 本题考查捐赠收入。

(1) 2×22年12月17日，不满足捐赠收入的确认条件，不需要进行账务处理，选项A正确；

(2) 2×23年1月1日，收到捐赠款：

借：银行存款　　　　　　　　　　　　　　　　　　　　100

$\qquad$贷：捐赠收入——限定性收入　　　　　　　　　　　　　　　100

选项 B 正确；

（3）2×23 年 12 月 31 日，确认利息收入：

借：银行存款　　　　　　　　　　　　　　　　　　　　　5

$\qquad$贷：投资收益　　　　　　　　　　　　　　　　　　　　　5

选项 C 正确；

（4）2×23 年 12 月 31 日，结转捐赠收入与利息收入：

借：捐赠收入——限定性收入　　　　　　　　　　　　　　100

$\qquad$贷：限定性净资产　　　　　　　　　　　　　　　　　　100

借：筹资费用　　　　　　　　　　　　　　　　　　　　　5

$\qquad$贷：非限定性净资产　　　　　　　　　　　　　　　　　5

选项 D 错误。

354.【答案】√　【解析】本题考查净资产。与限定性净资产相关的固定资产、无形资产，应当按照制度规定计提折旧或计提摊销。

刷易错

355.【答案】C　【解析】本题考查捐赠收入。该事业单位收到捐赠的仪器设备，应作如下会计分录：

（1）财务会计：

借：固定资产　　　　　　　　　　　　　　　　　　　　41

$\qquad$贷：捐赠收入　　　　　　　　　　　　　　　　　　　40

$\qquad\qquad$银行存款　　　　　　　　　　　　　　　　　　　1

（2）预算会计：

借：其他支出　　　　　　　　　　　　　　　　　　　　1

$\qquad$贷：资金结存——货币资金　　　　　　　　　　　　　1

选项 C 正确。

356.【答案】ABC　【解析】本题考查净资产。

（1）2×23 年 6 月 30 日，收到捐赠：

借：固定资产　　　　　　　　　　　　　　　　　　　360

$\qquad$贷：捐赠收入——限定性收入　　　　　　　　　　　　360

借：捐赠收入——限定性收入　　　　　　　　　　　　　360

$\qquad$贷：限定性净资产　　　　　　　　　　　　　　　　　360

选项 A 正确。

（2）每月计提折旧时：

该仪器每月应计提的折旧额 = 360 × 2 ÷ 5 ÷ 12 = 12（万元）

$$借：管理费用 \qquad 12$$
$$\qquad 贷：累计折旧 \qquad 12$$
$$借：非限定性净资产 \qquad 12$$
$$\qquad 贷：管理费用 \qquad 12$$

选项 B、C 正确。

（3）每月净资产重分类时：

要求在收到固定资产、无形资产后的某个特定时期之内将该项资产用于特定用途的，应当在该规定时期内，对相关限定性净资产金额按期平均分摊转为非限定性净资产。

每月分摊的非限定性净资产的金额 = 360 ÷ 3 ÷ 12 = 10（万元）

$$借：限定性净资产 \qquad 10$$
$$\qquad 贷：非限定性净资产 \qquad 10$$

选项 D 错误。

357.【答案】×　【解析】本题考查民间非营利组织的会计要素。资产是指过去的交易或者事项形成并由民间非营利组织拥有或者控制的资源，该资源预期会给民间非营利组织带来经济利益或者服务潜力，包括流动资产、长期投资、固定资产、无形资产和受托代理资产等。

刷通关

358.【答案】A　【解析】本题考查捐赠收入。

（1）如果捐赠方提供了有关凭据（如发票、报关单、有关协议等）的，应当按照凭据上标明的金额作为入账价值。如果凭据上标明的金额与受赠资产公允价值相差较大，受赠资产应当以其公允价值作为其入账价值；如果捐赠方没有提供有关凭据的，受赠资产应当以其公允价值作为入账价值，选项 A 正确。

（2）如果捐赠人对捐赠资产的使用设置了时间限制或者用途限制，则所确认的相关捐赠收入为限定性收入，选项 B 错误。

（3）非营利组织会计中，不应将劳务捐赠确认收入，选项 C 错误。

（4）捐赠承诺不符合收入确认条件，因此，非营利组织会计不应将其确认为收入，选项 D 错误。

359.【答案】BCD　【解析】本题考查捐赠收入。12 月 1 日不满足捐赠收入的确认条件，不需要进行账务处理。

甲基金会对捐赠收入应作的会计分录如下：

（1）12 月 10 日，收到捐赠款时：

$$借：银行存款等 \qquad 100$$
$$\qquad 贷：捐赠收入——限定性收入 \qquad 100$$

（2）12月10日，购买防疫物资发放时：

借：业务活动成本　　　　　　　　　　　　　　　　　　80

　　贷：银行存款　　　　　　　　　　　　　　　　　　　　80

（3）12月31日，甲基金会与乙公司签订补充协议，节余的20万元捐赠款由甲基金会自由支配：

借：捐赠收入——限定性收入　　　　　　　　　　　　20

　　贷：捐赠收入——非限定性收入　　　　　　　　　　　　20

选项B、C、D正确。

360.【答案】√　【解析】本题考查净资产。对固定资产、无形资产仅设置用途限制的，应当自取得该资产开始，按照计提折旧或计提摊销的金额，分期将相关限定性净资产转为非限定性净资产。